edition exil

glücksmacher – e baxt romani
samuel mago und mágó károly
kurzgeschichten

edition exil

für unsere eltern, unsere großmütter, unsere nénye,
die familie, die unser glück gemacht hat.

für die kleinste glücksmacherin der welt, jazmin.

in erinnerung an unseren großvater.

samuel mago und mágó károly: glücksmacher – e baxt romani
kurzgeschichten, edition exil, wien 2017
zweisprachig: deutsch/romanes
isbn: 978-3-901899-78-2

lektorat: christa stippinger
übersetzungen: debre magdolna
romanes-lektorat: mozes heinschink
layout und grafische gestaltung: sebastian menschhorn
korrektorat: eva auterieth

ein projekt des vereins exil im amerlinghaus
gefördert von:

Inhalt

samuel mago: glücksmacher 9

samuel mago: der uhrmacher 11

mágó károly: wie man satt wird 21

samuel mago: der freibrief 33

mágó károly: der schlüssel 45

samuel mago: hagel im oktober 51

mágó károly: zuraji 63

samuel mago: fallen 71

mágó károly: ein augenblick 75

samuel mago: spiel mit mir 81

mágó károly: die ohrfeige 85

samuel mago: jonas und ionuţ 93

mágó károly: der käfer 103

widmungen 111

biografien 114

samuel mago: e baxt romani 117

samuel mago: o chasari 119

mágó károly: o drabarimo 129

samuel mago: o slobodimasko lil 139

mágó károly: e kija 147

samuel mago: pahosko brishind 153

mágó károly: e zuraji 163

samuel mago: o bal 169

mágó károly: ek minuta 173

samuel mago: khel manca 179

mágó károly: e palma 183

samuel mago: o jonas thaj o ionuţ 189

mágó károly: o gindako 197

najisarimata 205

biografia 208

glücksmacher
samuel mago

werde glücklich. taves bachtalo. – so grüßen wir, wir zigeuner. und *zigeuner* – so werden wir von fremden gerufen, von unbekannten gegrüßt. nichts weiter. und manchmal werden wir einfach nur verscheucht – *schleich dich, zigeuner.*

werde glücklich. so grüßen wir uns. weil wir von beginn an davon ausgehen, dass wir roma kein glück haben. dass wir nicht glücklich sind. dass wir unser glück erst machen müssen.

in der sonnengasse ging heute das licht aus, während ich darüber nachdachte, warum wir nicht glücklich sind. warum sie sagten, wir seien arm, wenn doch meine mutter gestern einen ganzen topf polenta gekocht hatte. warum die leute sagten, wir seien heimatlos, wenn ich doch in dieser gasse, in diesem viertel, in dieser stadt zuhause war. und warum es ausgerechnet in der sonnengasse immer so dunkel war.

ich sah zu, wie meine mutter vaters weiße hemden faltete. in der dunkelheit waren sie grau. er würde erst morgen früh von der arbeit nach hause kommen.

mein bruder lag dicht neben mir im bett und ich dachte darüber nach, wo unsere tausenden und millionen brüder und schwestern jetzt sein mussten. *maladilem baxtale romenca* – sagte vater immer – *ich traf sogar glückliche roma.* auch ich wollte sie treffen. die, die ihr glück machten. und all ihre geschichten hören. und wenn sie niemand erzählen wollte, so würde ich sie erzählen, mit meinem bruder. *schlaf endlich, du dillo* – flüsterte er mir zu.

der uhrmacher

samuel mago

die mittagssonne kroch durch die vergilbten spitzenvorhänge und brannte auf sein gesicht. es lag monate zurück, oder waren es jahre, dass seine mutter sie gewaschen haben musste, kurz bevor sie gestorben war.

kaum hatte er seine augen geöffnet, kniff er sie wieder zusammen und hielt seine hand schützend gegen das sonnenlicht. er setzte sich auf, strich sich mit beiden händen übers gesicht, richtete seinen dunklen bart, zog eine zigarette aus seinem silbernen etui und wollte sie gerade anzünden, als ihn ein gedanke aus dem halbschlaf holte. er sprang auf, warf die zigarette weg und zog sich hastig an. beim waschbecken neben der tür wusch er sich das gesicht. dann nahm er seinen mantel und verließ die wohnung. nach ein paar schritten schon blieb er stehen und überlegte, ob er wieder zurückgehen sollte. wie spät war es eigentlich? sein vater hatte immer gesagt, es bringe schlechtes glück, wieder durch die tür zu gehen, wenn man erst einmal das haus verlassen hatte. und trotzdem sperrte er sie wieder auf und trat ein. kurz blickte er auf die uhr, die an der wand über dem türrahmen hing. sie war aus kupfer, groß und prächtig verziert, doch sie stand seit gestern still. das wusste er, er hatte es bloß vergessen, griff sich jetzt vor wut über sich selbst in die haare und warf die wohnungstür hinter sich zu. die uhr zitterte über dem türrahmen und hing nun ein wenig schief an ihrem nagel. sein vater, der uhrmacher chasari hatte sie dort einst aufgehängt, ehe er sich selbst einige stockwerke tiefer in seiner uhrenmanufaktur mit einem strick das leben nahm. er hatte nur diesen einen sohn hinterlassen, der jetzt gerade in ein caféhaus unweit der wohnung eilte. einen einzigen sohn und ein paar wanduhren und taschenuhren, eine prächtiger als die andere. wohin diese nun gekommen sein mochten, wusste nicht einmal mehr der junge chasari, obwohl er derjenige war, der sie nach dem tod seiner eltern nach und nach bei juwelieren und pfandleihern verhökert hatte, um sich über wasser zu halten. die kupferuhr über dem türrahmen im vorzimmer war als einzige in seinem besitz geblieben. er hatte es nicht übers herz gebracht, sie zu verkaufen. sein vater hatte sie vor seiner geburt für ihn angefertigt.

der alte chasari galt in halb budapest als geachteter mann. schon sein vater hatte sich als junger bursche mit uhren ein kleineres vermögen erhandelt. dass der name chasari – auf ungarisch soviel wie *kaiserlich* – mit dem kaiser und der monarchie herzlich wenig zu tun hatte und dem uhrenhändler von seiner zigeunerfamilie verliehen worden war, wusste natürlich kaum jemand. denn der teint des alten chasari, was auf romanes nichts anderes als uhrmacher heißt, war kein bisschen dünkler als der des einfachsten ungarischen bauern, und er war stets so elegant gekleidet, wie seine adeligen kunden selbst. und so fiel es gar nicht auf, dass sich ein rom unter die budapester hautevolee der jahrhundertwende gemischt hatte. er hatte gelernt, wie man uhren herstellt, repariert und – sofern es die kundschaft verlangte – sogar fälscht. und so kam es, dass in seinem geschäftslokal an der budapester ringstraße die kronen und gulden in hoher zahl über seinen ladentisch gingen für schweizer uhren, die die schweiz wohl nie gesehen hatten.

frau chasari war einige gassen vom geburtshaus ihres mannes entfernt, in der liliomgasse, zur welt gekommen. und zwar als tochter des jüdischen zuckermagnaten naschl und einer kellnerstochter. schon als junges mädchen verliebte sie sich in den charmanten, wohlhabenden jungen mann, den sie zur freude ihrer eltern und schwiegereltern bald standesamtlich heiratete. kurz bevor chasari als infanterist für sein land in den krieg zog, wurde gustav geboren – neun monate und einige tage nach der hochzeit. seine geburt konnte der junge vater nicht mehr amtlich anmelden, dies sollte der taufpate erledigen – und er tat es mit einiger verspätung. so kam es, dass der kleine chasari seit seiner geburt der pünktlichkeit keine allzu große bedeutung beimaß.

umso wichtiger sollte sie später für ihn werden. der alte chasari setzte in seiner erziehung alles daran, dass sein sohn nicht *eine* eigenschaft entwickelte, die seiner assimilierung im wege stand. er trichterte gustav ein, immer auf seine erscheinung zu achten, auf sauberkeit, gepflegtheit und vor allen dingen pünktlichkeit. *dass ja niemand zu dir sagt, du würdest herumzigeunern, mein junge. dein großvater und ich haben zu viel geschafft, um es uns von einem dahergelaufenen zigeunerhasser nehmen zu lassen* – pflegte er gustav zu ermahnen. die angst erkannt zu werden und die angst sich zu verspäten, entwickelten sich bei gustav zu einer regelrechten phobie, sein rechtzeitiges und vornehmes erscheinen wurde zu seinem markenzeichen. und sollte es doch einmal dazu kommen, dass ihn die zeit einholte, wurde er vom ununterbrochenen ticken dutzender uhren, verstreut in allen gewölben seines elternhauses, zurechtgewiesen.

sein größtes vergnügen fand der junge gustav darin, abends vor den toren des ringstraßentheaters zu warten, bis die feinen herrschaften herauskamen. dann stellte er sich unbemerkt so nah an sie heran wie er konnte und versuchte aufzuschnappen, was sie, während sie an ihm vorübergingen, über die vorstellung ausplauderten. gustav war fasziniert von den plakaten, den theaterzetteln, den titeln der stücke, den fremdländischen namen alter und großer literaten. sein taufpate hatte bekannte, die im ringstraßentheater beschäftigt waren. immerzu erinnerte sich der junge chasari daran, wie er ihn schon als kleinen jungen ins theater mitgenommen hatte. stolz saß er dann in der ersten reihe und lauschte den worten der großen dichter. später reichte sein taschengeld nicht für die teuren billets des ringstraßentheaters. höchstens fürs amateurtheater in der königsgasse, in dem man nur zeitgenössische stücke spielte, die er meistens nicht verstand.

nach dem verlorenen krieg wurde das leben in budapest betrüblich und elend. die monarchie wurde in kleinstaaten gespalten, das ungarische königreich siebengeteilt. doch die menschen hörten auch in schlechten zeiten nicht auf, auf ihre uhren zu schauen, und so lebte die familie chasari auch jetzt noch besser als viele ihrer nachbarn. auch die karten für das theater waren billig geworden, und der junge chasari war aus den reihen des ringstraßentheaters genauso wenig wegzudenken, wie die weinrote seidentapete und die samtbezüge der sitze selbst. gustavs taufpate, viele onkel und großonkel hatten die kriegsjahre nicht überlebt. frau chasari war lange zeit nicht wieder schwanger geworden, und als der segen zum greifen nah schien, erlitt sie eine fehlgeburt und bald danach eine weitere.

zum bedauern seines vaters zeigte der junge chasari nicht das geringste interesse an dessen metier. uhren machten ihn nervös, der duft alter bücher besonnen und glücklich. und schließlich ließ sich der alte chasari von seiner gattin dazu überreden, gustav das studium der literatur zu ermöglichen. so wie das geld hereinkam, gab es der alte chasari auch schon wieder aus: für das studium des sohnes, aber viel mehr noch für hebammen, ärzte, arzneien, präparate und wunderheiler aus allen ecken der zerfallenen monarchie. das ehepaar wünschte sich nichts sehnlicher als töchter und söhne, und vergaß dabei manchmal, dass sie bereits einen sohn hatten. bei jeder schwangerschaft fertigte chasari eine prächtige wanduhr aus kupfer, silber oder messing an. unverkäuflich. und nach jeder fehlgeburt brachten ihn seine uhrentöchter ein stück mehr um den verstand. er vernachlässigte werkstatt, geschäft, frau und kind. als die mutter nach der dritten fehlgeburt unter elenden schmerzen und schreien in den armen ihres mannes starb, setzte er seinem leben ein ende. es geschah ganz plötzlich. er hinterließ seinem zwanzigjährigen sohn nicht einmal einen abschiedsbrief, bloß einen zettel mit den worten *die zeit ist gold wert,* dazu ein verstaubtes uhrengeschäft, eine tickende wohnung und alle seine uhrentöchter.

als gustav heute an dem alten geschäft seines vaters vorbeilief, winkte ihm die gattin des grabsteinverkäufers, der das etablissement übernommen hatte, von weitem zu. ihr geschäft lief prächtig. seinen ersten stein hatte der grabsteinverkäufer dem

14

jungen chasari selbst verkauft – mit einer kostenlosen gravur für die eltern, versteht sich. die toten schienen seit 1929 wie roter schnee vom himmel zu fallen, manchmal sogar auf die ringstraße, direkt vor seine eingangstür. die gassen waren schneebedeckt, die fiakerfahrer zitterten mit ihren pferden den ring entlang und die straßenkehrer kamen mit dem schneeschaufeln kaum mehr nach. es roch nach winter. aber nicht etwa nach frischgebackenem mohnstrudel, viel eher nach kältetod. heute hatte sich eben das ereignet, wovor der junge gustav sich so sehr fürchtete. er kam zu spät. und obendrein sah er auch noch verschlafen, verbraucht, ja beinahe verwahrlost aus. als er das café betrat, erschlug ihn die wärme des kachelofens, der in einer ecke des lokals vor sich hin knisterte. er legte mantel und hut ab und blickte entgeistert auf den leeren tisch, auf dem das schild *reservée chásári* neben einer leeren mokkatasse und einem aschenbecher voller zigarettenstummel auf ihn wartete. der kellner brachte ihm einen großen braunen. statt dem schälchen mit schlagobers lag aber ein brief auf dem silbertablett. der impresario hatte ihn hinterlassen:

an den verehrten herrn császári!
ich warte nunmehr seit einundviertel stunden auf ihr
kommen. ihre brüske unpünktlichkeit lässt mich zu dem
schluss kommen, dass sie meine dienste nicht mehr in
anspruch zu nehmen gedenken. nach diesem taktlosen
benehmen trachte ich ebenso wenig nach einer weiteren
zusammenarbeit oder zusammenkunft. ich verbleibe mit
der dringlichen bitte, mich nicht mehr ihrer stücke wegen
aufzusuchen.

herzliche grüße ihr
kálváriás ferenc

datum und ort hatte der impresario für überflüssig empfunden. gustav las den brief immer wieder. in seinem kopf tickten die zeiger hunderter uhren seines vaters, die verstreut in der ganzen stadt ihren besitzer gewechselt hatten. er hatte seit drei monaten versucht, mit dem großen theaterproduzenten über sein neues theaterstück zu sprechen und ihn schließlich nach einer zufälligen begegnung im széchényibad zu einem treffen überreden können. resigniert ließ er nun dreißig pengő auf dem tablett liegen und steckte den brief verärgert in seine brusttasche. er verabschiedete sich nicht und eilte hinaus, so schnell wie er gekommen war. sein blick war stumpf wie die kupferuhr, die über der tür in seiner wohnung auf ihn wartete. wenn man ihn so anschaute, konnte man meinen, er hätte soeben sein glück verspielt. er ging langsam, blieb an einer ecke der ringstraße stehen und zündete sich mit dem dupont seiner mutter eine zigarette an.

more! – rief eine stimme aus der nebengasse, die die ringstraße kreuzte. gustav drehte sich um. eine alte frau mit breitem langen rock und kopftuch sah ihn mit verschmitztem lächeln an. in der hand einige kleine blumensträuße. ihr gesicht faltig und dunkel, ihre augen grün. goldene creolen.

džanes romanes? – sie fragte, ob er die sprache seines vaters spreche. der junge chasari war verwirrt und schwieg. wie hatte sie ihn erkannt? sein leben lang hatte er alles daran gesetzt, keiner von ihnen zu sein und niemand hatte ihn jemals danach gefragt. seine zigarette fiel in den schnee und er sah ihr hinterher.

nu, schau mich an. wozu hast du augen, dass dich die seife zwickt? džanes romanes? – jetzt starrte er sie an und schwieg.

naschanaf – verneinte er mit dem einzigen satz, der ihm jetzt einfiel.

das laute gelächter der frau endete in einem tiefen husten. er hatte sich verraten. sie kam ein stück näher, zog eine augenbraue hoch und hob ihr kinn.

kasko san? – fragte sie nach dem namen seines vaters. er verstand ihre worte kaum und doch so klar. sein vater hatte ihm diese sprache verboten, wie einst maria theresia und ihr sohn josef der zweite ihren untertanen. *chasari* – stotterte er. *chasari* – wiederholte sie in hohem ton und zog das wort in die länge. *du bist der sohn eines uhrmachers. und trotzdem verspätest du dich?* – lachte sie und wieder holte sie ihr husten ein. gustav wurde rot – vor scham und vor wut. hatte sie ihn beobachtet?

nicht dass sie mir vor lachen noch ersticken... – sagte er spöttisch. sie nickte wortlos und zupfte einen blumenstrauß zurecht. er war gefroren.

möge dich die suntone marija segnen, mein junge, wenn du mir eine dieser luludja abkaufst. mein rom, er ist krank, du weißt. ich muss ihm medikamente besorgen, dass er mir nicht wegstirbt – sagte sie und hielt ihm einen strauß entgegen.

du lügst – antwortete er. *und selbst wenn du die wahrheit sagst, wo sind deine kinder? was für undankbare seelen schicken denn ihre alte kraftlose mutter auf die straße?*

sie fuchtelte mit dem strauß in seine richtung und zog die oberlippe hoch. *pass auf, mein junge. ich habe nicht mehr so viel zeit, dass ich mir auf meine phurane tage so etwas anhören will. die zeit ist gold wert. nicht dass sie dir auf den kopf fällt, chasari. na te del o del –* schüttelte sie den kopf.

er drehte sich um und ließ sie stehen. die frau blickte ihm hinterher. er hörte sie etwas murmeln und gleich darauf spuckte sie in den schnee.

die wohnungstür fiel mit einem lauten knall hinter ihm zu. er schaltete das licht an. das vorzimmer gedimmt und still. er hängte seinen mantel auf und der brief des impresarios fiel auf das parkett. er bückte sich, um ihn aufzuheben und die uhren begannen erneut in seinem kopf zu ticken. er zerriss den brief, stand nun im türrahmen und starrte in die leere. da griff er nach seinem bart und schlug mit seiner faust so fest gegen die wand, dass die kupferuhr von ihrem nagel rutschte und zwei finger breit neben seinem kopf zu boden krachte. und sogleich sah er die alte frau von der ringstraße vor sich stehen und in den schnee spucken. die uhr lag zerborsten vor seinen füßen. sie hatte seinen vater nur um einige monate überlebt. als er die bruchstücke aufsammeln wollte, bemerkte er die gulden, die in ihrem inneren verborgen auf schlechte zeiten gewartet hatten. so viel geld hatte er lange nicht mehr in händen gehalten. er sah hoch zum porträt seines vaters, das im wohnzimmer über ihn wachte und begann zu lachen. doch jetzt musste er an die anderen uhren denken. die silberuhr und die messinguhr, die er um einen spottpreis verkauft hatte. und er war sich sicher, dass er augenblicklich seine uhrenschwestern suchen musste, wenn er die wohnung nicht verlieren wollte. wer weiß, was in ihnen versteckt war? aber wo sollte er beginnen? das uhrwerk im inneren der kupferuhr begann inmitten der einzelteile auf dem boden plötzlich wieder zu laufen und beendete mit einem mal das ticken in seinem kopf.

eineinhalb jahre waren vergangen und das geld aus der kupferuhr schon so gut wie aufgebraucht. die aufträge kamen nur sporadisch ins haus und der große erfolg als schriftsteller ließ auf sich warten. gustav lag auf der chaiselongue und las eines seiner manuskripte, das soeben abgelehnt worden war. eine brennende zigarette steckte zwischen zeigefinger und mittelfinger seiner rechten hand, in der er die blätter hielt. es klopfte. er richtete sich auf, legte das manuskript aus der hand, nahm einen zug von seiner zigarette und machte sie aus. er eilte zur tür und steckte sich das hemd in die hose.

ja bitte? – fragte er den boten, der im gang vor ihm stand.

eine depesche für gustav chasari – sagte er.

vielen dank – sagte gustav, nahm die eilmeldung entgegen und zog einen schein aus seiner hosentasche. die tür fiel zu und er öffnete das kuvert.

ÖSTERR. POST– UND TELEGRAPHENVERWALTUNG
EMIL BOROCHOV
BLECHTURMGASSE 7 WIEN 4

THEATERPRODUKTION IM VOLKSTHEATER BENOETIGT UNGARISCHEN SCHREIBER. ERSUCHE DICH, SO RASCH WIE MOEGLICH ANZUREISEN. ERWARTE DICH IN MEINER WOHNUNG, TUERNR. 3. FALLS DU NOCH IRGENDWELCHE HILFEN BENOETIGST, RUFE BITTE SOFORT – CAFÉ REINHAUSER 126645.

das schreiben kam von einem impresario, der ein kunde des alten chasari gewesen war. gustav war noch ein student gewesen, als emil borochov nach wien emigriert war. seitdem hatte er nichts von ihm gehört. er war sprachlos, holte aber, sobald er die fassung wieder gefunden hatte, seinen koffer vom schrank und begann zu packen.

im keleti bahnhof in der rakóczi utca sollte seine reise zum durchbruch als bühnenautor ihren anfang nehmen. er eilte zum fahrkartenschalter und kaufte ein billet nach wien. der nächste zug sollte in einer knappen halben stunde den bahnsteig verlassen. nun stand er im torbogen des bahnhofs, neben ihm sein koffer, in der hand die letzte zigarette, die er auf dem pester katzenkopfpflaster austreten wollte. eine frau stellte sich neben ihn. nerzmantel, langer rock, goldene creolen, lederkoffer. sie war wundervoll anzuschauen.

küss die hand. können sie mir sagen, wie spät es ist, gnädige frau? – fragte er sie, obwohl er sehr gut wusste, wie spät es war, standen sie doch unter der wohl größten uhr budapests.

zehn vor drei – sagte sie und tippte auf ihre armbanduhr. das c auf dem ziffernblatt hatte chasari gleich erkannt.

woher haben sie diese uhr? – fragte er.

verzeihung? – fragte sie zurück.

die uhr. woher haben sie die?

sie zog eine augenbraue hoch. *von einem pfandleiher in der liliomgasse.*

er lächelte. *mein vater hat diese uhr angefertigt. diese uhr gehörte meinem vater, chasari.*

sie zog ihre hand weg. *ihr vater war uhrmacher?*

er nickte.

jekh chasaresko shavo – sagte sie auf romanes. gustav sah sie verwirrt an. dann blickte er auf ihre uhr und sie war stehen geblieben. auf der großen uhr über ihnen schlug es drei, und der zug nach wien war ohne ihn losgefahren. zum dritten mal in seinem leben war er zu spät. die frau fluchte und spuckte auf den boden. *mein zug* – schüttelte sie den kopf.

wollten sie auch nach wien? – sie nickte. er trat seine zigarette auf dem bahnsteig aus und zündete sich sogleich die nächste an.

das war der letzte zug für heute. wir müssen es wohl morgen wieder versuchen. wollen sie einen kaffee mit mir trinken? jetzt haben wir wohl beide zeit.

gustav chasari sollte es nie nach wien schaffen. er heiratete die frau, die die zeit im besten augenblick angehalten hatte. emil borochov verließ wien ein halbes jahr später. er emigrierte erneut, diesmal aber unfreiwillig, in ein arbeitslager in polen. die zeiten in wien wurden schwer für leute wie borochov und chasari. auch aus ungarn wurden viele roma deportiert, wenige kamen wieder. die meisten pester zigeuner hingegen wurden erst so spät abgeholt, dass der großteil von ihnen überlebte. wäre gustav chasari damals nach wien gereist, hätte er den impresario vielleicht noch angetroffen, aber er wäre wohl wie er binnen weniger wochen in einem lager in polen oder in deutschland gelandet.

auf der pester ringstraße ging das leben für gustav chasari auch nach dem krieg weiter. die menschen in budapest würden wohl nie aufhören, die zeit von den uhren seines vaters abzulesen.

wie man satt wird
mágó károly

der bus kroch durch die winterliche landschaft. langsam, denn die straße war glatt und der schnee hatte eine dünne rutschige schicht über die eisdecke gestreut. ein dumpfer knall, und die fahrgäste blickten gleichzeitig nach hinten. doch es war nur eine zigeunerin, die sich den kopf am glasfenster des busses angeschlagen hatte.

wir sind gleich da, sara, wach auf – sagte die frau neben ihr und bot ihr eine zigarette an. sara brauchte noch ein paar sekunden, bis sich das schmerzliche gefühl, wieder in der wirklichkeit angekommen zu sein, von den traumbildern in ihrem kopf trennte und im selben augenblick stellte sie fest, dass der busfahrer schuld an ihren kopfschmerzen war. *das hat er mit absicht gemacht* – dachte sie. wieder einmal war er dem großen schlagloch vor der dorfstraße nicht ausgewichen.

während sie sich die zigarette anzündete, redete die frau neben ihr beharrlich auf sie ein. es ging um ihren kranken mann, um das feld, das kaum etwas einbrachte, die alten, ausgezehrten tiere in ihrem stall. die armut. die worte erreichten sie zwar, aber sie konnte nicht alles verstehen.

sara war mit ihren gedanken anderswo. ein gutes kilo kartoffeln hatte sie den kindern zu hause gelassen und mindestens zwanzig deka geselchtes. *aber bis zum abend muss ich etwas auftreiben! davon werden sie mir nicht satt!* – dachte sie. *die erzsike ist ja schon elf, die kann selbst das essen auf den herd stellen, und die luludji kann auf die kleine aufpassen. aber der gyurika. wenn ich nur wüsste, was mit dem los ist. er ist seit tagen so schweigsam. ich bin nur froh, dass die große schon richtig gut kocht. was ich ihr einmal zeige, das macht sie mir im handumdrehen nach. mein alter wird sicher lange im wirtshaus bleiben. gyurika wird das fleisch aus der suppe essen und für die mädchen bleiben dann noch kartoffeln übrig. und bis zum abend…*

die haut um ihre blauen augen legte sich in falten. ihr blick wurde mit einem mal ernst und sie wandte sich wieder der frau neben ihr zu. jetzt musste sie ihr zuhören, auf sie eingehen. sie zwang sich zu einem lächeln, streichelte ihren arm und sagte dann: *sie werden schon sehen, rosa! am abend verstreue ich die haare, die sie mir gegeben haben, auf dem feld und die säue werden mindestens zwölf ferkel werfen.*

meinst du wirklich sarika? – sie stöhnte erleichtert auf und schob unauffällig fünf forint in ihre tasche.

sarika entschuldigte sich. sie müsse jetzt beten, sagte sie, wandte sich dem fenster zu und verschränkte ihre hände ineinander. selbst die, die das seltsame doppel beobachtet hatten, merkten nicht, wie sie unter ihrem rechten mittelfinger ein stück garn wickelte.

gut zehn minuten später hielt der bus. sie stiegen aus, froh, den rauch und gestank der mitfahrenden hinter sich lassen zu können. die leute knöpften ihre mäntel zu und zogen ihre hüte tief in ihre stirn, so dass sie kaum darunter herausblicken konnten.

sarika war die einzige, die keine stiefel, sondern halbschuhe, keinen wintermantel, sondern bloß eine leinenjacke trug, und ihren kopf mit einem dünnen tuch bedeckte.

mir ist niemals kalt – sagte sarika, als sie bemerkte, dass ihre begleiterin entsetzt ihre kleidung musterte. *das habe ich eben auch dem segen zu verdanken, den ich von dort oben bekommen habe.* dabei versuchte sie zu verbergen, wie sehr sie zitterte.

sie begleitete die alte zu ihrem haus, verabschiedete sich und nahm den weg zum wirtshaus. die furchen in ihrem gesicht waren jetzt von der lähmenden kälte noch tiefer. wenn man sie fragte, wie alt sie sei, antwortete sie stets mit einer gegenfrage – *no, was glauben sie?* die antwort war fast immer fünfzig. *gut* – dachte sie – *ein gadscho glaubt viel eher einer alten frau.* ja, und der gendarm sucht dann auch eine 50-jährige namens sara, während sie in wahrheit ilonka hieß und noch keine sechsunddreißig war. sie hatte zwar ein ausgesprochen schönes gesicht, doch ihr schicksal zeichnete sich darin ab. ihre dunklen lippen unter der markanten, wohlgeformten nase konnten nicht verbergen, dass ihr schon ein paar zähne fehlten.

im wirtshaus, das nach billigem wein müffelte, setzte sie sich neben den kachelofen und bestellte zwei stamperl für sich und julika, die gleich, als sie das lokal betreten hatte, aufgesprungen war.

ich habe dich so lange nicht mehr gesehen, sarika, meine liebste freundin! – julika, meine liebe, wie schön, dass ich dich hier treffe! – und sie umarmten einander. kaum hatte ilonka sich gesetzt, zog sie die füße aus ihren durchnässten schuhen und schob sie dicht an den ofen.

aber vom starken bitte – rief sie dem wirt zu.

wieso warst du so lange nicht mehr bei uns, meine liebste sari? wir haben hier so viele scherereien, wir hätten dich schon längst gebraucht. stell dir vor, die tochter von der manyika, die kleine manyika – bevor sie weitersprach, blickte sie nervös um sich – *also stell dir vor, dieser offizier will sie jetzt doch nicht heiraten. und das mädchen wird noch verrückt vor kummer. letzte woche wurde sie aus dem spital entlassen. einen monat haben sie sie behandelt, keiner hätte gedacht, dass sie noch einmal heimkommen würde. jetzt ist sie wieder zu hause, aber sie sitzt den lieben langen tag nur da und starrt aus dem fenster, als würde sie auf jemanden warten... auf duweißtschonwen.*

ich weiß, juli. und die boriska? wie gehts der?

wie soll es ihr schon gehen. seit ihr mann vor sechs jahren verstorben ist und sie allein lebt, sagt sie kaum ein wort. wenn sie doch nur ein kind gehabt hätten. und wieder sah sie sich um und fuhr leise fort: *weißt du sari, sie trifft sich insgeheim mit dem neuen kaplan. letztens habe ich ihn aus ihrem schuppen herauskommen gesehen. als er mich bemerkte, hat er mich laut gegrüßt und zu boriska gesagt, er hätte jetzt leider doch keine zeit, sich das dach anzuschauen und dass er später wiederkommen würde. aber ich bin ja nicht mit dem 6:20er-zug dahergekommen! man sagt ihm zwar besondere handwerkliche fähigkeiten nach, aber ich weiß, was ich weiß. er hat nicht ihr haus oder ihr dach vermessen, sondern etwas ganz anderes. so wie ich auch weiß –* hob sie den kopf – *dass der bugac junge ein starker trinker ist. eine mutter –* erhob sie ihr stamperl und kippte den pálinka hinunter – *also unter dem rock einer mutter* hat vieles platz, aber lange wird auch sie das nicht mehr geheim halten können.

nun sprach sie nicht mehr. vom pálinka ermutigt, brüllte sie geradezu. *weißt du, sarikam, hier ist nichts mehr das, was es früher einmal war. du bist die einzige, die mich noch auf ein stamperl einlädt. die meisten respektieren mich, weil mein vater ratsvorsitzender war, und sie erzählen mir alles, weil ich ihre lehrerin war. aber mich einladen, no, das macht keiner mehr.*

sie zählte noch eine gute viertel stunde lang ihre beschwerden auf. dass ihre füße schmerzten und ihre hüfte, dass sie jeden sonntag das grab ihrer eltern besuchte und dass es ein fehler war, diesen feschen zimmermann nicht zu heiraten, nur weil er von niedrigerem stand war als sie. all das interessierte ilonka aber nicht im geringsten. sie blieb nur solange, bis ihre schuhe ein wenig trockener waren, dann zahlte sie mit den fünf forint, die sie im bus bekommen hatte, küsste die frau auf die wangen und ging.

die alte lehrerin ging ihr zwar auf die nerven, aber irgendwie tat sie ihr auch leid. *allein in der großen welt. keine schwester, keinen bruder, keine kinder. was für ein schicksal!* – dachte sie.

währenddessen erreichte sie manyikas haus. eine frau in ihrem alter – besser gesagt in saras alter – schaufelte mit gebeugtem rücken schnee. als hätte sie ihre ankunft gespürt, drehte sie sich zu ihr um. *meine liebste sari!* – rief sie gleich mit tränen in den augen und ließ die schneeschaufel fallen – *was bin ich froh, dass du hier bist! du hast sicher gewusst, dass ich dich dringend brauche!*

natürlich habe ich das – sagte ilonka, und weil sie sich vor den gendarmen fürchtete und sie bis auf die seele fror, winkte sie die frau mit den augen und einem leichten nicken ihres kopfes ins haus. die verstand gleich, kettete ihre beiden hunde an, führte ilonka in die küche und machte die tür hinter sich zu.

sag kein wort – begann ilonka – *seit einem monat kann ich nicht mehr schlafen. ich wäre ja schon früher gekommen, aber mein vater ist vor fünf wochen gestorben.*

du arme! – rief manyika. *– du musst ja fürchterlich gelitten haben!*

ilonka hatte es sich angewöhnt, auf ihren vater zu schwören, oder ihn – wie jetzt – als ausrede zu benutzen. die meisten roma schworen ja auf ihre kinder, auch dann, wenn sie nicht die wahrheit sagten. ilonka hingegen schwor lieber auf ihren vater, den sie in ihrem leben bloß zwei mal gesehen hatte. sie hatte keine ahnung, ob er noch am leben war.

ich weiß, was geschehen ist. ich habe mich erst vor einigen tagen beruhigen können, als ich gespürt habe, dass das mädchen wieder zu hause ist. aber auch dann nicht wirklich. aber hab keine angst, alles wird gut!

wie denn? – fragte die frau, während in ihren augen hoffnung aufleuchtete.

zu allererst – begann ilonka – *musst du das gesamte haus durchsuchen, vom keller bis zum dachboden. alles, was du an geräuchertem findest, tragst du zusammen. ich träume seit tagen von schweinen, und vom schwankenden kamin einer hütte. daher kommt das böse in euer haus. trag alles zusammen und lass es zum bahnhof bringen. ich nehme es noch heute mit und bringe es weit weg von hier, irgendwohin, wo ich es vernichten kann.*

meine liebste sari – sagte die frau, während sie ilonka die hände küsste. *nimm alles mit, was uns schlechtes ins haus bringen könnte. und sag mir, wie viel ich dir geben soll, hier gehört alles dir. meiner tochter soll es wieder gut gehen, mehr will ich nicht.*

liebste manyi – sagte ilonka, während sie sich neben den herd setzte. sie war so durchgefroren, dass sie auch jetzt noch zitterte. *du weißt, dass ich von dir nie geld annehmen würde. wir haben alles, was wir brauchen. ein schönes zweistöckiges haus, starkes vieh im stall.* sie musste sich auf die lippen beißen, wenn sie an ihr verfallenes häuschen dachte und an fidi, ihren knochenmageren hund, das einzige tier, das sie hatten.

nein, nein, wir brauchen nichts. gar nichts.

ich kann aber doch nicht zulassen, dass du mit leeren

händen gehst. *nur dir verdanke ich es, dass mein sohn diese verdorbene schlampe nicht geheiratet hat. das werde ich dir niemals vergessen. ich habe dir schon damals gesagt, dass du die goldkette nicht vergraben, sondern behalten sollst. die war sehr viel wert. du hast mir einen unbezahlbaren dienst erwiesen.*

ich packe alles zusammen, iss was in der zwischenzeit – sagte manyi und griff nach dem schöpflöffel, doch ilonka fasste sie am arm und schaute ihr dabei in die augen. *ich bekomme keinen bissen runter. bevor ich hergekommen bin, habe ich im wirtshaus krautrouladen gegessen. ich hatte so einen gusto –* sagte ilonka, während sie auf die dampfende bohnensuppe im kochtopf starrte. sie nahm einen großen zug vom säuerlich warmen rahmduft und fuhr fort: *geh nur und mach, was ich dir gesagt habe. dass wir dich vom bann befreien. ich muss noch vielen anderen im dorf helfen. pack alles zusammen und lass es mir bis vier uhr zum bahnhof bringen. aber dass du ja keinem ein wort davon erzählst. auf jeden, der davon erfährt, wird der bann übergehen.*

möge dich der herrgott segnen! – rief manyi ihr nach, als ilonka das haus verließ. sie war schon ein paar schritte gegangen, da kam manyi ihr nachgelaufen. *nimm doch zumindest das von mir an –* sagte sie, und drückte ihr fünfzig forint in die hand. *nicht für dich. für deine kinder –* fügte sie hinzu und eilte ins haus zurück, um alles zu ordnen, bevor ihr mann nach hause kommen würde.

der weg war vereist, mit ihren leichten schuhen konnte sie kaum das gleichgewicht halten. mit jedem schritt musste sie sich konzentrieren, um nicht hinzufallen. trotzdem tapste sie in eine matschige pfütze. bis sie beim nächsten haus ankam, konnte sie an nichts anderes denken als an die bohnensuppe in manyikas küche. den ganzen tag hatte sie nichts gegessen. als sie boriskas schmuckes, grüngestrichenes haus sah, dachte sie, dass der kaplan wohl doch nicht nur die boriska bearbeite, und musste kichern.

inzwischen hatte es wieder zu schneien begonnen. der schnee schmolz auf ihrem gesicht und verklebte ihre lider, so konnte sie nur die silhouette von boriskas fülligem körper ausmachen. man konnte boriska aber keinesfalls dick nennen. sie war ganz einfach stämmig. und zwar am ganzen körper. einer ihrer füße war so groß, wie zwei einer anderen frau. auch ihre arme waren fest und kompakt. kein gramm fett, nur muskelmasse. *schöne frau* – dachte ilonka – *immer noch.*

die meisten männer hätten diese meinung wohl nicht geteilt. ilonka hingegen war der auffassung, dass man einer frau, die nicht schlank war, ansah, dass es ihr an nichts mangelte. und das war doch wohl auf jeden fall attraktiv.

ilonkám, nur in halbschuhen und mäntelchen unterwegs? – rief ihr boriska entgegen.

weißt du, meine liebe, dort wo ich herkomme, ist es immer warm – antwortete sie. sie hatte ungarn zwar nie verlassen, doch sie hatte davon gehört, dass es orte auf dieser welt gab, wo immer die sonne schien.

boriska glaubte ohne nachzudenken sofort, was sie hörte. meistens glaubte sie den menschen, und ilonka hatte sie niemals beim lügen ertappt.

no, komm trotzdem ins haus – sagte sie. *hier bei uns in sáránd ist es sehr, sehr kalt.* als sie eintraten, lief sie gleich zum kasten und griff nach der teekanne. doch zum herausnehmen hatte sie keine zeit.

eine schwarze katze ist unseren hof entlang gelaufen, die strohhalme hingen ihr nur so vom rücken, wie eine kutte. so wie ich mich umdrehte, habe ich in unserem raureiffarbenen pferd dein gesicht gesehen – sagte ilonka. – *ich habe sofort gewusst, dass du meine hilfe brauchst.*

die witwe sank totenblass auf ein stockerl.

jeder hat ein recht auf die liebe – fuhr ilonka fort. – *dein mann ist vor so vielen jahren gestorben, und von dort ist noch niemand zurückgekommen. wenn du den kaplan liebst, so werde glücklich mit ihm.*

während sie das sagte, drückte sie boriska ein stück garn in die hand. *mach einen knoten* – flüsterte sie. boriska gehorchte ihr auf der stelle. als ilonka das garn wieder in händen hielt, ließ sie es unter ihrem mittelfinger verschwinden. *ich kann mich noch an die alten zeiten erinnern. jedes mal, wenn ich deinem mann heilkräuter mitgebracht habe* – sagte sie – *bist du neben ihm gesessen und hast seine stirn mit einem tuch getrocknet. dieses bild habe ich immer vor augen, wenn ich an dich denke. du hast alles getan, was man von einer ehefrau erwarten kann.*

während sie das sagte, holte sie unbemerkt den faden heraus, den sie im bus um ihren finger gewickelt hatte. ilonka zog ihn vor boriskas augen an beiden enden mit einer großen bewegung auseinander. *siehst du* – sagte sie – *so wie sich der knoten gelöst hat, so werden sich auch deine sorgen lösen. und jetzt pass gut auf. auf dem haus liegt ein fluch! dein mann* – auch wenn er ein guter mensch war – *hat ihn hiergelassen. aber böse ist er dir nicht. den fluch allerdings müssen wir vom haus nehmen. geh hinaus in den stall und bring alle schwarzen hühner, die du finden kannst. rupf sie, mach sie sauber und lass sie bis vier uhr zum bahnhof bringen* – und damit machte sie sich wieder auf den weg.

draußen fiel der schnee immer heftiger und schmolz nicht in der großen kälte. er blieb liegen und knirschte unter ihren füßen. eben war sie beim haus von teréz angekommen, da stand plötzlich ein gendarm neben ihr. in ihren adern stockte das blut.

was machst du hier, zigeunerin? – schnauzte er sie an, und sie brachte kein wort heraus.

hast du es auf das vieh der dorfbewohner abgesehen? verschwinde, dass ich dich hier ja nicht mehr sehe! –

wenn mein mann erfährt, wie du mit meiner netten bekanntschaft umgehst – sagte da teréz, die eben aus dem haus kam, mit tiefer, überzeugender stimme – *kannst du dich gleich selber schleichen.* – ich bitte höflichst um entschuldigung, genossin. ich dachte nur...

denk bloß nicht so viel – unterbrach sie ihn, nahm die sprachlose ilonka am arm und führte sie in ihr haus.

no, siehst du, meine tochter – sagte teréz – *es hat schon seine vorteile, die frau des präsidenten der bauerngenossenschaft zu sein, wenn auch nicht viele.*

im haus angekommen, stellte sie ilonka einen teller topfennudeln auf den tisch. sie versuchte wieder abzulehnen, doch teréz konnte man nicht so einfach umstimmen. *iss nur, mädchen. danach kannst du mir ja erzählen, warum du hier bist.*

ilonka konnte nicht anders, sie verschlang die köstlich duftenden nudeln bis auf den letzten bissen.

teréz schaute ihr lächelnd zu. *wenn mein vater mich diesem feschen zigeunerprímás verheiratet hätte, hätte ich jetzt eine tochter, die so schön braun wäre wie du. aber ein zigeuner kam für ihn nicht in frage* – sagte sie, während sie zum kasten ging und zwei fünfziger herausholte. *geh schon* – sagte sie zu ilonka. *jóska hat schreckliche angst vor meinem mann, aber der neue gendarm nicht. wenn der dich erwischt, wie du im dorf umherläufst, werde ich dich nicht so einfach beschützen können. sprich ein vaterunser für meinen sohn, vielleicht hilft das* – fügte sie hinzu und damit trieb sie ilonka aus dem haus. *und das geld gibst du dem gyurika. aus dem jungen muss etwas werden.*

nach sechs uhr stieg ilonka aus dem bus. am bahnhof gab sie einem burschen zwei forint, damit er das geräucherte fleisch und die acht gerupften hendln mit seinem fuhrwerk zu ihr nach hause brachte. auf dem sitz neben ihm wäre noch reichlich platz gewesen, aber ilonka den platz neben sich anzubieten, wäre ihm nie in den sinn gekommen. die zwei forint kamen dem jungen gelegen, doch sich wegen einer zigeunerin zum gespött des dorfes zu machen, niemals!

ilonka ging zuerst auf den dorfplatz. sie wollte nämlich gleich die schulden ihres mannes im wirtshaus begleichen. *wovon soll er denn seinen suff bezahlen, der nichtsnutzige versager!*

eine gute halbe stunde später bog sie in ihre gasse ein. in ihrer kleinen hütte angekommen, erwartete sie große stille. oder besser gesagt großes geschmatze. ihre töchter, ihr sohn und ihr mann hatten die münder voll schinken und klobassen und aßen um die wette.

wartet! – sagte sie, mit einer stimme, die alle wissen ließ, dass sie ruhig weiterschlemmen konnten – *ich backe euch schnell einen laib bokoji.* während sie wasser, mehl und schinkenstücke zusammenmischte und zu einem teig knetete, schlich sich ihr mann von hinten an sie heran: *so eine frau. so eine romni wie ich hat keiner –* sagte er.

mach mir nicht den hof, du nichtsnutz. glaubst du, ich weiß nicht, dass du schon wieder schulden im wirtshaus hast?

ich? – fragte er – *also ich habe keine schulden, so wahr mir gott helfe. meine gottgesandte frau hat sie nämlich ganz bestimmt schon für mich bezahlt. hab ich recht?* er nahm einen kleinen kamm aus seiner sakkotasche und fuhr sich zwei, drei mal bis zum nacken durch die haare. dann schlug er die hacken seiner stiefel mit lautem knall zusammen und begann mit seiner rauen stimme zu singen, zuerst langsam und dann immer schneller:

> *shej, ich lebe um zu saufen,*
> *bring mich nicht zum überlaufen,*
> *alom shalom, tananana, tana,*
> *den pálinka brauch ich nicht,*
> *gib mir nur mein geld zurück,*
> *alom aloma, tananana tana.*

pálinka, dass dein magen verrottet – keppelte ilonka, konnte aber ihre gute laune nicht überspielen und lachte bald mit den anderen.

ihr mann sang schief und laut und griff nach den händen seiner kinder, die sprangen auf und umtanzten ihre mutter.

eine stunde später, alle waren satt und hatten sich ausgetanzt, richtete die mutter das stroh in den betten. den platz ihres sohnes aber sparte sie aus. sie küsste ihre töchter auf die stirn, schickte sie schlafen und zog eine flasche wein hinter dem sparherd hervor.

der teufel soll dich holen – sagte ihr mann – *ich wusste, dass du hier irgendwo eine flasche versteckt hast. ich habe alles durchsucht, und nichts gefunden.*

wieder zog der mann seinen kamm heraus und strich sich durchs haar. um die stiefel zusammenzuknallen, fehlte ihm jetzt allerdings der mut. ilonka winkte ihren sohn zu sich.

komm nur her, gyurika – sagte ihr mann, während ilonka drei gläser auf den tisch stellte. sonst schrie sie ihn an, wenn er den kindern wein einschenkte, doch heute wollte sie nicht mit einem jungen, sondern mit einem mann sprechen.

no, und jetzt erzählst du mir, was dich bedrückt, mein sohn – forderte sie in einem ton, der keine widerrede zuließ.

gyurika nahm einen großen schluck. es war nicht das erste mal, dass er wein in die hände bekam, doch dieser musste wohl etwas stärker gewesen sein. er holte tief luft und sagte: *mama, ich ziehe nach debrecen ins internat. sie haben mich im gymnasium aufgenommen.*

ilonka wusste nicht, ob sie lachen oder weinen sollte. ihr mann sprang auf, mit einem schwung, dass er zum kämmen der haare keinen kamm gebraucht hätte. er knallte die stiefel zusammen, tanzte und schrie:

muro jilo losharel,
> es erfüllt mein herz mit freude

kana devla duma del,
> wenn gott zu mir spricht.

le vastenca sikhavel.
> und mit seinen händen deutet.

shukar san tu muro shavo,
> schön bist du, mein sohn,

tu san muro putjaripo,
> du bist mein ganzer stolz,

chumidav tjo jiloro.
> ich küsse dein herz!

dann weckte er die älteste und schickte sie ins wirtshaus um einen liter schnaps.

er lief hinaus auf die straße. *romale! kommt alle raus und trinkt mit mir! mein sohn wird arzt!*

ilonka saß immer noch fassungslos da. *wenn ich doch bloß ein bisschen von der wahrsagekunst meiner großmutter geerbt hätte* – dachte sie – *dann hätte ich das vorhergesehen.*

der freibrief
samuel mago

ein schwarzer zug fuhr durch den ungarischen regen. er war so voll, dass die leute in ihren mänteln auch auf dem dach hocken mussten. vor den regentropfen suchten sie schon lange keinen schutz mehr. sie waren durchnässt. der krach der flieger und ihre bomben, die auf budapest fielen, hatten sie vertrieben. sie hatten die stadt gerade erst verlassen. der zug fuhr richtung osten. wohin genau, wusste man nicht. man hörte, dass viele züge im nichts hielten, weil die russen die endstationen zerbombten. familie berki hoffte nur, dass der zug bis nagykalló fuhr und sie noch in dieser nacht im haus von tante babetta schlafen könnten. sie waren nicht die einzigen, die vor den bomben flohen. doch die meisten wussten nicht einmal wohin.

irgendwann wurden sie umgeleitet nach debrecen. es war schon dunkel, als der zug dort hielt. vor dem bahnhof zog die großmutter einen goldarmreif von ihrem handgelenk und gab ihn einem kutscher, der sie bis nach nagykalló bringen sollte. man hätte meinen können, familie berki sei unterwegs zu einer hochzeit. sogar die vier kinder trugen jedes feine kleidung, zwei ketten um den hals und ringe an ihren kleinen fingern. die großmutter und die mutter steckten in dicken nerz- und darunter in eleganten ballonmänteln und ein, zwei kleidern. auch der kontrabasskasten des vaters war schwerer als sonst. seine frau kati hatte ein fach ins futter genäht und mit so viel schmuck gefüllt, wie sie nur konnte. geld war keine währung mehr und sie wussten, dass sie nun wohl monate mit tauschgeschäften durchkommen mussten.

sie erreichten die kleinstadt nagykalló in den frühen morgenstunden. auf dem hauptplatz ließ der kutscher die familie aussteigen und ging sogleich ins wirtshaus an der ecke, um sich mit wein und schnaps im wert eines armreifens zu besaufen.

kati war zuletzt als kleines mädchen mit ihrer mutter matild hier gewesen. ohne sie hätte sie den weg zu tante babetta wohl niemals gefunden. *ich hab mich nicht mehr einkriegen können vor sorge. dank sei dem herrgott im himmel, dass ihr es geschafft habt. kommt rein, macht es euch warm, esst was!* – scheuchte tante babetta die kinder ins haus, als sie ihren gepflegten vorgarten betraten. sie wusste gar nicht, wo sie zuerst anpacken sollte. innerhalb kürzester zeit stellte sie ihnen warmes essen und heißen tee auf den tisch. erst dann kam sie für einen moment zur ruhe, machte plötzlich große augen und schüttelte den kopf – *bei marias heiligem herzen, meine kleine katica. was du für eine schönheit geworden bist.* kati lächelte verlegen. *jetzt habe ich euch vor lauter hudeln gar nicht richtig begrüßt. wie schön deine kinder sind. joj maria. und was für einen feschen zigeunermusiker du nicht als ehemann hast.* matild war die einzige, die sich nicht hingesetzt hatte. sie hatte geholfen, den tisch zu decken und sank jetzt in die arme ihrer cousine. sie waren gemeinsam aufgewachsen, keine fünf häuser weiter. es hatte kaum einen tag gegeben in den letzten monaten, an dem sie nicht telefoniert hatten.

das haus von tante babetta war fast doppelt so groß wie die zimmer-küche-wohnung in budapest, in der familie berki wohnte. hier hatten sie ein eigenes schlafzimmer für das ehepaar und eines für die kinder. matild schlief neben ihrer cousine. die beiden machten aber kein auge zu in der ersten nacht. sie hatten sich viel zu erzählen. bis zum morgengrauen tuschelten sie im flüsterton. babetta ermahnte sie ständig, lauter zu reden, weil sie schlecht hörte. und matild wollte mit ihrer cousine gleich in dieser nacht klären, welchen schmuck und welche kleidungsstücke sie ihr für essen und gastfreundschaft überlassen würde. den üblichen tanz, der in ihrer familie losging, wenn ein verwandter vorspielte, kein geld annehmen zu wollen und es schließlich doch tat, wollte sie diesmal umgehen. babetta willigte schweren herzens ein und freute sich jetzt noch mehr über den besuch.

für sandor, den vater, war es mehr als ungewohnt, mit dem hahnenkrähen aufzuwachen. trotzdem war es allemal besser als die sirenen in der stadt, die vor den bombenangriffen warnten. butter hatte er seit monaten keine mehr auf dem frühstücksbrot gehabt. frische, hausgemachte vielleicht noch nie zuvor. die kinder schmatzten glücklich vor sich hin an diesem morgen. marmeladebrote. frische, lauwarme milch vom nachbarn. eingelegte pfirsiche aus tante babettas garten.

sandor wusch sich mit dem brunnenwasser, das tante babetta am morgen heraufgezogen und dann aufgewärmt hatte und rasierte sich fein säuberlich. er zog sich elegant an und ging mit seinem kontrabass zum hauptplatz. im wirtshaus, in das er jetzt eintrat, schlief der kutscher vom vortag noch immer betrunken, seinen kopf auf einem der tische. der mund stand ihm offen, das tischtuch darunter war nass. *guten tag, die herren* – grüßte sandor und bemerkte erst jetzt, dass nur ein kellner anwesend war. *einen milchkaffee bitte* – sagte er. er setzte sich und stellte den großen schwarzen kontrabasskasten auf den boden neben sich. den goldschmuck hatte seine frau noch in der nacht herausgeholt und gut verstaut. *no, sie sind aber mit schwerem gepäck unterwegs* – sagte der kellner, als er den kaffee brachte. *das können sie laut sagen. seit budapest trage ich das gute stück auf dem rücken. mein name ist berki. ich suche eine stelle als musiker. glauben sie, ich könnte vielleicht mit dem wirt sprechen?* – fragte er gleich. *der bin ich* – antwortete der mann und musterte den zigeunermusiker. er hatte schwarzgelockte, pomadeglitzernde haare, seine haut war etwas dünkler, seine statur groß, aber ziemlich schlank. seine kollegen in budapest nannten ihn deshalb immer nur *der dünne. sie können ja mal in aller ruhe ihren kaffee austrinken, in einer stunde kommen die zigeunermusiker. dann werden wir schauen, ob wir sie gebrauchen können, herr berki* – fügte er hinzu und lächelte ihn verschmitzt an. sandor senkte dankend den kopf und lächelte. der dicke mann war ihm gleich sympathisch gewesen. noch am selben abend wurde er angestellt. der prímás und der akkordeonist freuten sich sehr darüber, dass er gekommen war. sie hatten nur ein paar sätze gewechselt und waren schon darauf gekommen, dass der großcousin des prímás in budapest schon einmal mit sandor gespielt hatte. den prímás nannten sie unter sich nur *tschoklad,* weil sein teint so dunkel war wie schokolade. der akkordeonist wurde *topfenjoschka* gerufen. er sah dem prímás seltsamerweise etwas ähnlich, nur war er eben weiß wie topfen.

die neuen kollegen behandelten den dünnen ehrfürchtig. die budapester zigeunermusiker waren schon damals die elite des landes und konnten sich immer etwas mehr erlauben, als die aus der provinz. sogar die kontrabassisten. sandor wurde vom wirt mit bruchgold bezahlt. mit scheinen zahlte in dieser zeit fast niemand mehr.

in den nächsten wochen brachte sandor, der dünne, tschoklad und dem topfenjoschka die neuesten schlager aus der hauptstadt bei. er kannte sogar einige militärmärsche, die bei den soldaten gut ankamen. das freute auch den wirt. mit dem neuen repertoire wurde auch das trinkgeld höher. das wiederum freute die kollegen. es kam sogar vor, dass kati, matild und tante babetta die kinder am nachmittag ins wirtshaus mitbrachten. die kleinen hatten großen spaß, dem herrn papa beim spielen zuzuhören. der wirt bot den damen immerzu einen starken schnaps an. kati und matild lehnten stets ab und ließen sich stattdessen auf vier himbeersoda einladen, für die kinder. der wirt brachte dann immer sechs getränke und sieben teller kirschkuchen dazu. nur tante babetta konnte den schnaps nicht ablehnen und bestellte manchmal sogar noch einen zweiten. wenn uniformierte das lokal betraten, warf sandor seiner frau einen strengen blick zu. dann wusste sie, dass sie das lokal verlassen mussten.

spät nachts arbeitete sandor hier selten. nur manchmal kam es vor, dass die soldaten dem wirt befahlen, sein gasthaus zu schließen. die geschlossene gesellschaft war zwar trinkfreudig, doch der wirt hatte immer ein mulmiges gefühl. er hätte viel lieber mit seinen musikern angestoßen, wie sonst immer vor der sperrstunde. sie waren ihm sehr ans herz gewachsen.

in sein eigenes stamperl füllte der wirt aber stets nur wasser, wenn er mit den soldaten trank. besoffen wollte er in ihrer gesellschaft unter keinen umständen sein. natürlich kaschierte er das geschickt.

mit den uniformierten durfte man es sich in diesen zeiten schließlich nicht verscherzen. manchmal sang er sogar ein marschlied mit ihnen und tat so, als hätte er einen pálinka zu viel getrunken.

es war an einem späten nachmittag, als sandor nach einem ausgiebigen mittagessen zur arbeit ging. die kinder spielten im garten verstecken und er wollte sie nicht stören. so ging er, ohne sich von ihnen zu verabschieden. es schien, als hätte der krieg die kleinstadt nagykálló noch nicht erreicht. fast so, wie die neuen schlager aus budapest. bis auf die soldaten, die ab und an mal die gassen entlang marschierten und die budapester streuner, die um die bauernhöfe schlichen und da und dort anklopften, um ihr ganzes hab und gut für fleisch und brot einzutauschen, war die gegend rund um tante babettas haus verschont geblieben.

als sandor mit dem kontrabass auf dem rücken und in der uniform des zigeunermusikers an diesem tag die straße entlang marschierte, lobte er sich für die entscheidung, in das städtchen gezogen zu sein. *der krieg wird nicht mehr lange dauern* – dachte er. *und wenn ich dann mit meinen rund gewordenen kindern und dem guten lohn nach pest zurückkehre, werden wir sicher einige zeit ruhig und gut davon leben können. wie uns die pester roma beneiden werden... und dann muss ich mir auch das hahnengekrähe so früh am morgen nicht mehr anhören. und wenn sich die lage dann beruhigt hat, wird es auch in budapest sicher wieder arbeit geben, und die geschäfte werden bald wieder voller lebensmittel sein* – ging es ihm durch den kopf.

als er das wirtshaus betrat, erwartete ihn eine unangenehme stille. der prímás und der akkordeonspieler saßen geduckt an einem der tische und hinter ihnen standen zwei unbekannte gendarmen. der wirt polierte mit gesenktem kopf hinter dem pult einen bierkrug. als der dünne hereinkam, hob er gar nicht seinen kopf. nur seine augen bewegten sich in seine richtung. er hätte dem dünnen so gerne gedeutet, dass er schnell wieder zu seiner familie und am besten gleich zurück nach budapest laufen sollte, aber dafür war es jetzt zu spät.

guten tag – grüßte sandor leise. *heil hitler* – sagte einer der uniformierten. die deutschen worte sprach er mit starkem ungarischen akzent. *ihre papiere* – folgte der nächste halbsatz. sandor griff in die innentasche seiner rotgoldenen uniform, nahm ein dokument heraus und gab es dem mann. das wort *czigány* stand da groß unter dem wort *rasse*. der gendarm hatte sich gar nicht erst die mühe gemacht, hineinzusehen. die zigeunermusikeruniform reichte ihm zur festnahme.

als sandor vor einigen monaten den ariernachweis erbringen musste, war er immer wieder auf die lateinische berufsbezeichnung *musicus ciganus* gestoßen. seine vorfahren waren fast allesamt zigeunermusiker gewesen. er war stolz darauf, einer dynastie anzugehören. doch im ungarn der pfeilkreuzler war es illegal, zigeuner zu sein.

gibt es ein problem, meine herren? – fragte er mit bedacht. *schnauze zigeuner* – sagte der gendarm und wandte sich an den wirt – *gibt es noch mehr von denen?* der wirt schüttelte den kopf. *sie sollten besser nicht lügen für diese ratten. wir kommen in den nächsten tagen wieder. wenn wir hier noch einen zigeuner finden, nehmen wir sie auch gleich mit.* der wirt sagte kein wort mehr. *vorwärts* – hallte es in sandors ohren. topfenjoschka und tschoklad gingen vor, der dünne hinter ihnen. er schaute noch einmal auf den wirt zurück, doch der polierte noch immer dasselbe glas mit demselben blick, genau wie vorher.

sobald sie das lokal verlassen hatten, sperrte der wirt das geschäft zu. die instrumente lagen noch unberührt in der ecke. er hatte sich nicht getraut zu telefonieren. so lief er zuerst zum haus des prímás, dann zum haus des akkordeonisten und erst danach zum haus von tante babetta. als matild den wirt von weitem kommen sah, fiel ihr die zigarette aus der hand. *kati, kati, komm schnell!* – rief sie nach ihrer tochter. während der wirt von dem vorfall im gasthaus erzählte, wurde es still um den bauernhof. nur das lachen und wilde gekreische der kinder war zu vernehmen.

am selben abend noch saßen die frauen um den küchentisch und starrten in ihre teetassen. sie wussten nicht, was sie jetzt machen sollten. den kindern wurde angeordnet, im haus zu bleiben und leise zu spielen. in ihren dokumenten waren dieselben worte zu lesen, wie in jenen des vaters. kati konnte ihren mann nicht zurücklassen und ohne ihn nach budapest reisen. sobald sie das haus verließ, lief sie außerdem gefahr, in die hände derselben gendarmen zu geraten, die ihren mann verhaftet hatten. der wirt versprach ihnen, sich so gut er könne um die angelegenheit zu kümmern. er war katis einzige hoffnung. man traute sich nicht mehr aus dem haus. nicht einmal mehr ans telefon.

es dauerte zwei tage, bis der wirt von den soldaten, die sich abends in seinem wirtshaus betranken, erfuhr, wohin man seine musiker verschleppt hatte. er machte sich noch am nächsten morgen übermüdet auf den weg in die nächstgelegene stadt und in die dortige gendarmeriedienststelle. das wirtshaus hatte er seinem schwiegersohn anvertraut. er war mit seinem eigenen fuhrwerk losgefahren. ein grünes tuch bedeckte die flaschen, die nun in ein paar schweren holzkisten auf der ladefläche seines wagens über die landstraße schepperten. der wirt betrat die gendarmerie mit zwei dopplern und einem zwetschkenschnaps unter der achsel. *heil hitler, die herren* – sagte er mit einem aufgesetzten lächeln. die worte waren befremdlich, nicht nur, weil sie deutsch waren, sondern auch weil die leute sie immerzu schrien. er sprach sie leise aus, fast schon höflich. *ich habe ihnen etwas mitgebracht, als dank für ihre dienste. seitdem sie in der umgebung auf streife sind, sehe ich mit freude dabei zu, wie sich die judenfrage von selbst löst. der schnaps ist hausgemacht. es wäre mir eine freude, mit ihnen anstoßen zu dürfen, kameraden.* er stellte die flaschen auf den tisch, an dem die gendarmen saßen. sie waren verwundert und belustigt zugleich. einen schnaps hätten sie aber noch nie abgelehnt. der wirt hatte schon als kind von seinem vater gelernt, wie man gästen schmeichelt. alten frauen mit ihrer ewigen schönheit, alten männern mit ihrer trinkfestigkeit, pfeilkreuzlern mit judenhass. nur so konnte man ihnen das vier tage alte gulasch aufschwatzen, das mit wasser verdünnte bier oder eben die freilassung von zigeunermusikern. dass er sich erst mit ihnen anfreunden musste, bevor er zur sache kommen konnte, wusste er nur zu gut. eine ganze woche lang ging er vormittags in die gendarmerie und verlor kein wort über sandor und seine kollegen. er erzählte über seine zeit als gardist im ersten weltkrieg, über seine vielen frauen, er erfand eine geschichte über einen gierigen, großnasigen juden, der ihm das geschäft abnehmen wollte und schaffte es immer wieder, ins gespräch zu bringen, dass die zigeuner wohl nur für eine sache gut seien auf dieser welt: für die musik. am ende der woche war er schon mit allen gendarmen per du. alle glaubten seine geschichten, außer er selbst.

an einem späten nachmittag spielten sie in der gendamerie karten. der wirt ließ den hauptmann stets gewinnen. er hatte die gendarmen so betrunken gemacht, dass sie ihm ihre liebsten zigeunerlieder vorsangen. *ich sags euch, meine herrschaften. wenn ich in meinem gasthaus nur ein paar zigeunermusiker hätte, die für unsere soldaten – und für sie natürlich! – spielen könnten. mein umsatz würde sich verdreifachen. und unser spaß auch! sie sind immer gern gesehene gäste!*
zigeuner brauchst du, mein freund... was? – lallte der hauptmann. *na, von denen haben wir hier ja wohl genug. bringt unseren lieben wirt nach hinten, dann kann er sich eine kapelle aussuchen* – befahl er zwei besoffenen gendarmen. *aber mein lieber antal, das kann ich doch nicht annehmen. das ist doch zu großzügig* – lullte er den hauptmann ein. *aber sicher doch. was ich sage, ist hier gesetz. ich bestehe darauf, mein freund. die ratten werden übermorgen nach komarom transportiert. was macht es da schon, wenn du dir eine handvoll mit nach hause mitnimmst. und wenn du lust hast, jagst du ihnen am ende des tages einen korkenzieher in die schläfe, wenn sie nicht parieren.* der hauptmann fing an, so laut über seinen eigenen witz zu lachen, dass das zimmer hallte. der wirt lachte mit. er musste. innerlich jagte ihn der gedanke, was er den frauen wohl sagen würde, wenn er den dünnen, den tschoklat und den topfenjoschka hier nicht finden würde.

man führte ihn nach hinten. im hof saßen gut dreihundert männer unter freiem himmel, zusammengepfercht wie tiere. manche von ihnen trugen nur leichte leinenjacken und zitterten. der gestank war kaum zu ertragen. die zwei gendarmen waren an der türe stehen geblieben und sangen weiter. einer hielt noch immer eine schnapsflasche in der hand. der wirt musterte die menschen. es war schon dunkel und er tat sich schwer, die gesichter auseinanderzuhalten. er war schon fast in der mitte des hofes angekommen, als er ein räuspern hörte. *pst. pst, herr chef –* flüsterte der akkordeonist. der wirt ging im selben tempo in seine richtung weiter und tat, als hätte er nichts gehört. der dünne, tschoklad und topfenjoschka saßen eng beieinander im schneidersitz. sandor hätte er fast nicht erkannt. sein bart war inzwischen lang gewachsen und rot und bedeckte sein halbes gesicht. *die drei nehm ich mit –* schrie der wirt zu den gendarmen – *die tragen sogar schon ihre uniform –* lachte er laut. *jo, jo –* sagten die gendarmen. *herr chef –* flüsterte der prímás voller angst – *nehmen sie die drei auch noch mit, ich bitte sie, herr chef –* er zeigte auf drei männer neben ihnen. *und die drei auch noch. dann hab ich eine volle kapelle –* der wirt lachte wieder, und der hauptmann und die gendarmen lachten mit. *los auf –* flüsterte der wirt. die männer standen auf und folgten ihm. der wirt blickte um sich. die meisten dieser männer hatten bestimmt schon familien. die restlichen waren selbst noch kinder. am liebsten hätte er *noch* eine kapelle mitgenommen, oder noch zwei. doch er konnte nichts riskieren. als er mit seinen sechs zigeunern wieder vor dem hauptmann stand, hob er sein glas. *na, da schaust du, antal, mein freund. ich hab mir deine sechs hässlichsten ratten ausgesucht. sogar eine rote ist dabei –* der hauptmann lachte aus vollem hals und verschluckte sich beim nächsten stamperl. der wirt kippte sein glas und wieherte mit. sein hemd war völlig durchgeschwitzt. nicht vom alkohol. das meiste hatte er auf den boden geleert. doch er hatte in seinem leben selten solch eine angst verspürt wie in diesem moment. *antal, sag, kann ich... –* er stockte kurz – *ach nein, das wäre zuviel verlangt. darum kann ich dich nicht bitten.* der hauptmann sprang auf und wankte. *sag einmal, willst du mich beleidigen? du kannst mich um alles bitten, mein liebster freund. wie könnte ich dir jemals etwas ausschlagen, du alter hund* – rief er. *naja, weißt du, ich bin mir sicher, dass deine männer meine zigeunerratten bei der nächsten hausdurchsuchung wieder mitnehmen werden. wenn du mir eine bescheinigung ausstellst, dass sie kriegswichtige arbeiter sind, die für unsere soldaten spielen, dann brauch ich mir keine sorgen machen.* der hauptmann fing wieder laut zu lachen an. diesmal lachte der wirt nicht mit. der hauptmann blieb für einen moment stehen. genau wie das herz des wirtes. denn der hauptmann begann hämisch zu nicken. *na aber sicher doch, mein freund* – sagte er, diesmal in einem ernsteren ton, mit einem misstrauischen blick. er ließ einen schreiber holen, unterschrieb sechs dokumente mit sechs namen, setzte seinen stempel unter jede unterschrift und überreichte sie dem wirt. der faltete sie rasch und steckte sie sich noch schneller in die innentasche. währenddessen standen die roma zittrig in der ecke und starrten auf den boden. sieben tage hatten sie so gut wie nichts zu essen bekommen. einige von ihnen wurden zusammengeschlagen. man hatte ihnen ihre wertsachen abgenommen. das meiste hatte seinen weg in die taschen der gendarmen gefunden. *wie kann ich dir nur danken, mein freund* – sagte der wirt, umarmte den hauptmann fest und schlug ihm auf den rücken. *meine herrschaften, ich will nicht länger stören, ich wünsche eine geruhsame nacht. heil hitler* – diesmal fiel es ihm schon leichter, die worte zu sagen. sie klangen auch lauter als beim ersten mal. er war in übung gekommen. die uniformierten grüßten zurück und der wirt bewegte sich richtung ausgang.

stehengeblieben! – rief ihm der hauptmann hinterher.

der wirt drehte sich um. die schweißperlen tropften ihm von der stirn. sein gesicht erblasste und die worte blieben ihm im hals stecken. *hast du etwa geglaubt, dass du so einfach hinaus spazierst?* – lallte er und wankte herausfordernd auf ihn zu. der wirt wusste, dass er nicht weglaufen konnte. seine beine waren plötzlich schwer wie zwei volle bierfässer. *du hast mich den ganzen abend über belogen* – sagte der hauptmann. jetzt wurde es still. niemand sagte ein wort. *den ganzen abend lang hast du mich gewinnen lassen*

*beim schnapsen, du strizzi. und jetzt lass ich dich nicht gehen, bevor
du mir nicht vor meinen männern versprichst, dass du ab morgen
ehrlich spielst, du kapellmeister.* er gab ihm zwei leichte ohrfeigen
und brach in lautes gelächter aus. und seine männer lachten mit.
der wirt schluckte und setzte ein lächeln auf. *ich verspreche es. nur
weil du es bist, antal, nur weil du es bist!* sie gaben sich die hände.
der wirt hob seine rechte und rief jetzt noch lauter als vorher – *heil
hitler* – und marschierte mit den musikern hinaus.

als sandor in der morgendämmerung mit dem freibrief in
der tasche das haus von tante babetta erreichte, hätte man ihn fast
nicht eingelassen. seine schwiegermutter hatte ihn mit dem roten
bart, den fettigen, struppigen haaren und dem verdreckten anzug
nicht gleich erkannt. seine kleinste tochter war schreiend vor ihm
davongelaufen. sie hatte sich vor dem seltsamen mann furchtbar
erschreckt und weinte laut. kati weinte auch. aber vor glück.

in den kommenden monaten wohnte familie berki fast
schon im wirtshaus. man hatte angst, dass die familie bei einer
razzia deportiert werden könnte. so gingen sie nur zum schlafen
hinüber in babettas bauernhof. matild, kati und babetta machten
sich tagsüber in der küche breit und arbeiteten fortan im wirtshaus
mit. in den folgenden jahren würden die pfeilkreuzler noch zwei
mal versuchen, die musiker mitzunehmen. jedes mal rettete sie
der freibrief des hauptmanns. bis kriegsende blieben familie berki,
der dünne, tschoklad, topfenjoschka und auch die drei anderen
musiker im wirtshaus angestellt. weder geldscheine noch goldstücke
nahmen sie jemals wieder vom wirt annehmen. und der wirt spielte
fortan zwei mal die woche in der gendarmeriedienststelle mit dem
hauptmann karten. der hauptmann aber gewann bis zum einmarsch
der russen nicht ein einziges mal.

der schlüssel
mágó károly

vielleicht waren es minuten, vielleicht aber auch stunden, die ich mit einem buch in der hand im krankenzimmer saß. ich erinnere mich, dass ich es auf seite 127 zuschlug. eine unbekannte frau hatte ihren arm auf meine schulter gelegt. selbst ein laie hätte auf den ersten blick sagen können, dass sie erst seit kurzem ärztin war. vielleicht war das sogar ihr erster fall dieser art. sie verhielt sich etwas unbeholfen, war nervös. *mein herzliches beileid* – sagte sie und streckte ihre hand aus – *ihre mutter?* als wäre ich soeben aus dem tiefschlaf erwacht, antwortete ich verstört – *ja. ich meine, wir sind nicht blutsverwandt, aber ich hab ihr alles zu verdanken.* als ich das so sagte, lief mir plötzlich durch den kopf, dass sie das gar nichts anging und ich sie damit vielleicht nur langweilte und aufhielt.

ich blickte wieder auf esther – *wären ihre augen nicht geschlossen, man könnte meinen, sie sei noch am leben.* ihr körper war geschrumpft, sie ähnelte nicht im geringsten der einst so starken und liebevollen frau. aber sie schien beinahe lebendig. *wenn sie bloß noch atmen würde* – dachte ich.

ich stand auf, sah der jungen ärztin in die augen, gab ihr noch einmal die hand und verließ das krankenzimmer. auf dem gang wurde ich vom krankenhausgeruch erschlagen: dem geruch von desinfektion und bleichmittel. jenem geruch, der für andere abscheulich roch, für mich aber das ziel meiner wünsche war. der für mich den unterschied machte zwischen armut und wohlstand, zwischen verachtung und wertschätzung.

ich trat vor die lifttür und ein junger pfleger überfuhr mich beinahe mit einem leeren rollstuhl. er schrie mich grantig an. *weg da, ich habs eilig* – und stürmte davon.

er hatte mich wohl nicht erkannt. ich hatte keine zeit zu antworten. zumindest nicht in jener zeitdimension, in der ich mich gerade befand.

der aufzug kroch langsam ins erdgeschoß. die sonne schien hell und blendete mich. dort, wo sie nicht eindringen konnte, erschienen seltsame schatten.

die straße, durch die ich lief, war gesäumt von alten häusern, gebaut zu beginn des 20. jahrhunderts oder noch früher. und unweigerlich wollte ich meinen gewohnten gedanken raum lassen. nichts anderem. *was hat das ganze für einen sinn? die menschen schließen sich nebeneinander, übereinander in kleine schachteln.*

weiter kam ich nicht. wie sehr ich es auch wollte, esther ging mir nicht aus dem kopf. ich konnte nur an sie denken. daran, was ich ihr verdankte. die erinnerungen brachen in mir auf. mir wurde schlecht, ich würgte. die welt hatte sich in mir umgedreht. da sah ich eine bank. ich stellte mir vor, wie ich die paar schritte bis dorthin gehen, wie ich mich dann hinsetzen, nach der wasserflasche in meiner tasche greifen und daraus trinken würde. ich verstand selbst nicht warum, aber ich blieb nicht stehen und setzte mich auch nicht hin. ich lief ganz einfach an der bank vorbei.

es war lähmend kalt in dieser nacht, im winter 1972. ich dachte an die stechende kälte in meiner brust. daran dass ich kaum luft bekam. an die klagen und schreie meiner mutter, der mutter, die mich geboren hatte. in gedanken saß ich wieder in diesem klapprigen, unbeholfen zusammengenagelten holzkarren, den wir immer dann benutzten, wenn wir kein pferd hatten, keinen wagen, weil mein vater alles verspielt hatte, und vertrunken. also fast immer. ich war regungslos, eingewickelt in eine dicke decke. meine mutter hatte mich lange geschoben, bevor jemand mitleid zeigte und mich ins krankenhaus fuhr. sie hatte an viele türen geklopft. im besten fall würdigte man uns keiner antwort, schlechtenfalls wurden wir vertrieben und verscheucht – *verschwindet von hier, dreckige zigeuner.* damals drangen diese worte nur an meine ohren, heute viel tiefer.

das haus, in dem wir schließlich hilfe bekamen, schwamm in freundlichen gelben farben. im inneren war von prunk oder glanz keine spur. und doch war es der schönste ort, den ich bis dahin und seither betreten hatte. viele jahre später würde ich versuchen, mein zuhause genauso einzurichten. erfolglos. obwohl einige gegenstände aus esthers besitz ihren weg in meine wohnung in der budapester innenstadt gefunden hatten.

laut schreiend eilte eine telefonierende junge frau an mir vorbei. *wenn ich das telefon vor drei tagen bloß abgehoben hätte –* dachte ich – *ich hätte noch mit esther sprechen können. mit mama.* ich begann mitten auf der straße loszuweinen. tränenlos.

als esther sich meiner annahm, war sie dreiundvierzig. in diesem alter waren die meisten in der siedlung schon großmütter. esther hatte noch nicht einmal ein kind.

sie war in dieser nacht zum nachbarn gelaufen. für sie ging dieses tor auf. so wie meist auch alle anderen tore. der bauer hatte sich entschuldigt. *eine zigeunerfamilie hat auf der hauptstraße ihr unwesen getrieben und die leute aufgescheucht. ich dachte, dass die zurückgekommen sind. deshalb hab ich nicht gleich aufgemacht* – meinte er. esther hatte mit keiner geste darauf reagiert. sie hatte ihm geld in die hand gedrückt – mit sicherheit viel geld – und der bauer hat uns mit seinem pferdewagen ins krankenhaus gebracht. von da an gab es niemand anderen, nur uns zwei.

sechs wochen lag ich im krankenhaus. die ärzte hatten mich aufgegeben und daraus auch kein geheimnis gemacht. ich hatte eine lungenentzündung, was in dieser zeit keineswegs als unheilbar galt, solange sie rechtzeitig behandelt wurde. meine mutter hatte gedacht, ich könnte es auch zuhause durchstehen, mit ein paar medikamenten. als sie bemerkte, dass es schlimmer wurde, waren bereits vier tage vergangen. wie hoch mein fieber war, hatte sie dem arzt nicht sagen können. nur, dass es hoch war.

im krankenhaus war ich nur selten bei bewusstsein. ich sprach mit niemandem. trotzdem konnte ich esther, als ich aufwachte, den kleinen prinzen von vorn bis hinten rezitieren, mit allen charakteren und allen dialogen. sie war an meinem bett gesessen und hatte mir vorgelesen, wie ich an diesem tag vor einer halben stunde noch.

ich wurde wieder gesund und alles änderte sich. ich war das fünfte kind meiner eltern. es fiel ihnen anfangs gar nicht auf, dass ich kaum zuhause war. sie freuten sich, dass es ein hungriges maul weniger zu stopfen galt. dass esther eine gute köchin war, dessen hätte man sie beim besten willen nicht bezichtigen können. sie ließ das essen ständig anbrennen. meistens, weil wir *noch eine seite lesen* wollten.

ich hatte nie zuvor solch eine zuwendung und hingabe gespürt wie von ihr. nicht einmal später bei meinem eigenen kind. ich war damals zehn jahre alt. ich hatte vier klassen besucht. genauer gesagt zwei: die dritte zweimal, und trotzdem konnte ich sie nicht abschließen. damals hatte man mich schon der schule verwiesen. ich wollte nicht lernen und man wollte nicht, dass ich lerne. die lehrer nicht, weil ich den unterricht störte, meine familie nicht, weil ich schon als kind stark genug war, mich um das vieh zu kümmern. aber esther hatte erkannt, dass ich auch anderweitig talentiert war. dass mein fleiß nicht nur zum ausmisten im schweinestall gut war. sie kannte den schuldirektor, so durfte ich die dritte klasse ein drittes mal besuchen. bloß dass ich dieses mal mit auszeichnung abschloss. daraus, dass ich zwei mal so viel leisten musste als andere, weil ich zigeuner war, hatte man kein geheimnis gemacht. nur esther und ich hatten uns da etwas vorgelogen. so, wie über die krankheit damals.

in esthers jüdischer familie galt das wissen als hoher wert. in meiner familie galt es bloß als unnötige bürde. bat ein verwandter esthers familie darum, ihm sein studium zu finanzieren, war es selbstverständlich, dass der, hatte er sein studium abgeschlossen, einem anderen bedürftigen jungen verwandten die ausbildung finanzierte. auch das habe ich gelernt. auch ich würde niemals jemanden abweisen, der lernen wollte. ich denke, ihre familie war nicht ganz damit einverstanden, dass esther einem außenstehenden half. doch das gab sie mir niemals zu spüren. ich stand unter ihrem schutz.

die seltenen male, wenn esther bei uns zu besuch war, empfingen meine eltern sie stets mit großem respekt. sie boten ihr zu essen und zu trinken an. das, was wir zuhause hatten. esther hat es immer angenommen. sie achtete sehr darauf, mir und meinen geschwistern nicht den letzten bissen wegzuessen, niemals hätte sie meine mutter dadurch beleidigt, eine mahlzeit nicht anzunehmen, oder meinen vater, indem sie ein stamperl abgelehnt hätte.

mit der zeit wurden diese besuche immer unangenehmer für mich. ich hatte verstanden, wie groß die kluft zwischen esther und meiner familie war. wenn ich auf esthers niveau wollte, würde es nicht mehr reichen, schritte zu machen. ich müsste springen. oft und hoch.

ob ich schon vor esther geahnt hatte, was auf sie zukommen würde, weiß ich nicht. ihre befunde hatte man mir vor einem halben jahr zukommen lassen. sie wurde stets von meinen kollegen und mit vorrang untersucht, ohne wartezeit. ich war stolz darauf, dass ich helfen konnte. und sie war stolz auf mich.

als ich sie an diesem abend besuchte, sah ich in ihren augen, dass sie wusste, was los war. ob sie auch wusste, dass sie nur noch einige monate zu leben hatte, weiß ich nicht. nach 45 jahren begann die heuchelei und das schauspiel von neuem. das schauspiel, mit dem mein leben begann, und ihres endete.

es ist donnerstag. es ist nicht mehr so zerstörerisch heiß wie noch vor drei tagen. ich zünde eine kerze an und stelle sie unter esthers foto. *das licht darf nicht ausgehen* – denke ich – *niemals*. ich küsse ihr schwarz-weiß foto und einen moment später die stirn meiner tochter. sie schläft ruhig, wacht nicht auf, lächelt im schlaf. vielleicht ist sie doch wach und spielt nur mit mir.

im krankenhaus halte ich eine besprechung ab, danach gehe ich zu einer patientin. zur schwiegermutter des staatssekretärs. der jungen ärztin habe ich in der früh einen blumenstrauß geschickt und mich bei ihr bedankt. ich habe erfahren, dass sie sich voller hingabe um esther gekümmert hat, wenn ich nicht da war. ich trage in mein schwarzes notizbuch ein, dass ich einen blick auf ihre karriere haben sollte.

die schwiegermutter des staatssekretärs ist ja eigentlich ganz gut beisammen. wahrscheinlich hat sie sich nur ein wenig erschrocken. ich beruhige sie. ich sage ihr, dass wir noch einige untersuchungen durchführen müssten, sie das wochenende aber sicherlich wieder zuhause verbringen könne. ich lasse einen krankenpfleger rufen. er kommt mit großem schwung. ich sehe, er ist nervös, als er eintritt.

guten morgen, herr doktor – sagt er. ich erkenne ihn. ich spreche nicht über den vorfall beim aufzug letztens. ich werde ihn nicht feuern lassen. ich denke an esther. daran, wie sie das handhaben würde. ich schaue ihm in die augen und ordne an, dass er die patientin zum bruströntgen bringen soll. dass er auf sie warten und sie dann zum ultraschall begleiten soll.

ich gehe aus dem krankenzimmer zurück in mein büro. die tür steht offen. so wie jetzt alle türen auf dieser welt für mich offen stehen.

esther hat sie für mich geöffnet.

hagel im oktober
samuel mago

der klang seiner absätze war trotz des lärms in den straßen von weitem zu hören. in der morgendämmerung war budapest leer. nur die sowjetischen soldaten liefen die gassen entlang. kanonenfeuer. maschinengewehre. granaten.

kálmán eilte die budapester ringstraße hinunter. unter seinem rechten arm trug er einen dunklen geigenkasten, an seiner hand den goldenen siegelring. alle paar schritte nahm er einen zug aus seiner zigarette. nach dem letzten knirschte er mit den zähnen und warf den glühenden stummel auf das kopfsteinpflaster. die glut der filterlosen zigarette hatte seinen zeigefinger versengt. *verfluchte kommunisten – sagte er laut – arbeiterzigaretten. das ist mir geblieben. hier sind alle nur mehr arbeiter, hinauf bis zum hochadel.*

er hatte die ganze nacht im márványmenyasszony gespielt. einem der elegantesten restaurants im reichenviertel der stadt, wo die gäste für den zigeunerprímás großzügig in die taschen griffen. immer wieder zog er sich nervös seinen kaschmirschal zurecht und steckte ihn in seinen langen, grauen mantel zurück. anstelle der sechser straßenbahn rollte ein panzer die schienen entlang. er rauchte bereits die dritte zigarette. es war kalt, trotzdem schwitzte er unter seinem anzug, als würde er von hunden gejagt. als er in die tompagasse einbog, wich er einer blutlacke aus. die schleifspuren führten in ein halbzerbombtes wohnhaus, und von dort aus ins nichts. von dem haus war nur mehr die fassade geblieben, auf ihr wehte eine rotweißgrüne fahne. das kommunistische wappen hatte man herausgeschnitten. er warf die halb gerauchte zigarette eilig zu boden, trat sie aus und schlug an das haustor. ein dicker älterer herr mit glatze öffnete unter der nummer sechsundzwanzig langsam und ächzend das holztor und rieb sich mit einem tuch den schweiß aus dem gesicht. *rasch, genosse juhász! rasch, rasch*

– wisperte er. kálmán griff in seine innere manteltasche, nahm ein großes bündel geld heraus und überreichte ihm zwei forint. *vielen dank, der herr!* – senkte der mann ehrfürchtig den kopf und wischte sich erneut übers gesicht. kálmán eilte die stufen hinauf. er spürte den blick des hausmeisters noch im nacken, drehte sich aber nicht mehr um. er lief die pawlatsche entlang bis zu seiner wohnungstür und klopfte. eine charmante junge frau mit rotblonden locken zog den vorhang zur seite, sah aus dem fenster und sperrte die tür auf. *kálmánkám!* – fiel sie in seine arme. er verschloss die tür. von draußen war der hagel der maschinengewehre zu hören, in diesem oktober neunzehnhundertsechundfünfzig.

das radio stand auf dem küchentisch und rauschte leise. kálmán saß mit seiner frau margit am tisch und lauschte aufmerksam. im aschenbecher lagen dreizehn zigarettenstummel. plötzlich klopfte es am fenster. ein fescher, eleganter herr mit zurückgekämmten, dunklen haaren stand gebückt davor. er konnte nicht mehr als dreißig sein. *ich bins!* – dumpf drang seine stimme in die küche. der mann trat ein und küsste seinen bruder und seine schwägerin auf die wange. *servus, béla* – sagte kálmán. *ich gehe nach wien* – sagte béla. *der matyi, der józsi, ich und ein paar andere roma. wir fahren übermorgen los!* sie setzten sich. *ihr müsst mitkommen! in der stadt herrscht chaos. wir müssen hier weg!* – versuchte béla sie zu überzeugen – *es geht nur in den nächsten tagen.*

wir haben keine zeit. margit schenkte kaffee ein. *béla, wir sind nicht die, die gehen müssen. das weißt du. außerdem ist die margit schwanger. das kann ich nicht machen* – sagte kálmán. *überleg doch, was für möglichkeiten auf uns warten, onkel karcsi lebt in wien. die wiener werfen den roma das geld hinterher. du hast doch seine briefe gelesen.* kálmán senkte den kopf – *es geht einfach nicht von heut auf morgen. wir haben hier unser zuhause. unsere familie.* er sah seinen bruder fragend an. der zigarettenrauch lag schwer in der luft. béla hustete, dämpfte seine zigarette aus und sprang auf – *ich muss los. wir treffen uns heut nacht alle beim józsi.* er blieb stehen und packte seinen bruder an den schultern

– kálmán, das ist unsere chance. wir kommen hier niemals weg. komm doch zur vernunft. dann seufzte er und ging so eilig hinaus, wie er gekommen war.

es war sonntagmorgen, als margit vom grellen krachen einer granate, die in der nebengasse explodiert war, aus dem schlaf gerissen wurde. man konnte es kaum schlaf nennen, denn die beiden hatten in ihrer kleinen wohnung in der tompagasse sechsundzwanzig kaum ein auge zutun können. sie stand auf, ging in die küche und machte kaffee. sie schenkte ihn in zwei tassen. in eine goss sie milch, in die andere gab sie ein stück würfelzucker. *wir müssen mitgehen* – sagte eine klare stimme aus dem hintergrund. kálmán hatte sich an den türrahmen gelehnt und sah margit besorgt an – *er hat recht. wir müssen mitgehen.* margit drehte sich um. die zuckerdose glitt ihr aus den händen und krachte auf den fliesenboden. sie bückte sich und versuchte die scherben hastig aufzusammeln. *margit!* – rief er, packte sie am oberarm und half ihr auf – *wir müssen hier weg. oder willst du, dass unser kind hier aufwächst? willst du das? sieh doch aus dem fenster!* sie fiel in seine arme. sie standen einfach nur da und hielten sich ganz fest. der kaffee war schon übergekocht und auf die herdplatte geronnen. von draußen hörte man die massen im chor schreien. kálmán strich ihr übers haar, sah sie an und küsste sie auf die stirn. *alles wird gut. du wirst schon sehen.*

die stimmung auf den straßen war auch an diesem späten nachmittag noch dieselbe wie am morgen. kálmán stand gebückt im wohnzimmer und legte seinen geigenkasten über die lehnen eines fauteuils. er öffnete ihn und der duft vieler hundert jahre machte sich im zimmer breit. er nahm die violine in die hand und fing an zu spielen. das lied seiner mutter erklang und ließ ihn für einige sekunden die schreie der straßen vergessen.

seine frau war bei der nachbarin. neben margit wirkte sie wie eine dürftige hilfskraft, an der die jahre zu schnell vorbeigezogen waren. ihre haare waren zerzaust, ihr gewand löchrig und mit flecken übersät. die beiden tranken tee und aßen schmalzbrot. es war nicht besonders gut. judit hatte das brot um ein vermögen am schwarzmarkt ergattert. es war trocken und mehlig. sie hatte vergeblich versucht, die verkohlten stellen herunterzukratzen. margit wusste, man konnte niemandem trauen in diesen zeiten, doch die nachbarin war die ganzen jahre über ihre freundin gewesen. margit trank einen schluck von ihrem tee, bevor sie zu sprechen begann – *kálmán hat recht. wir müssen auf meinen schwager hören, aber ich kann hier einfach nicht weg. weg von meinem leben.* die frau nickte. *du verstehst mich doch, oder?* – fragte margit bedrückt. *ja, ja... sicher* – murmelte sie und kratzte sich. *er will ja eigentlich auch nicht gehen. seine schwestern und brüder will er nicht verlassen. und seine stelle. gott weiß, was in wien auf uns wartet!* – schüttelte sie verzweifelt den kopf. ruckartig wurde die wohnungstür geöffnet und ein stämmiger mann mit schütterem haar trat ein. er roch stark nach schweiß. *guten tag, genossin!* – rief er. *grüß gott!* – erwiderte margit – *ich muss leider gehen. mein mann wartet auf mich.* sie hatte judits mann noch nie gut leiden können. pista schien immerzu eifersüchtig auf die familie juhász. sein leben lang hielt er sich mit gelegenheitsjobs über wasser und beneidete alle, die es besser hatten als er. margit verabschiedete sich und ging. die nachbarin bat sie nicht einmal darum, doch noch ein bisschen zu bleiben. der mann grüßte nicht zurück und blickte ihr spöttisch hinterher.

margit war noch nicht lange zu hause, als sie jemanden den gang entlang gehen hörte. sie spähte aus dem küchenfenster und sah ihren schwager mit zwei großen koffern. hinter ihm ging seine frau. *servus, béla! servus, ili!* – grüßte sie die beiden besorgt, als sie die küche betraten. als kálmán sie draußen reden hörte, packte er seine violine weg und kam aus dem zimmer. *servus!* – umarmte er die zwei. alle wirkten angespannt. ili zuckte jedes mal zusammen, wenn sie eine granate explodieren hörte. *habt ihr euch entschieden?* – fragte béla hoffnungsvoll. *ja* – sagte kálmán – *wir kommen mit.* sein ton änderte sich kaum. seine stimme war zurückhaltend, als wäre er sich seiner sache nicht sicher. auf dem tisch stand ein teller mit dünngeschnittenen broten. darauf dünn gestrichene butter und salz. die speisekammer war so gut wie leer. an geld mangelte es der familie juhász nicht, doch die geschäfte waren ausgeplündert worden. die menschen hungerten. *in unserem haus wurde heute eine wohnung angezündet. jemand hat eine brandflasche hineingeworfen. wir sind gleich hergekommen –* erzählte béla aufgelöst. *ihr bleibt hier. keine frage! –* unterbrach ihn margit. er schnaufte und schüttelte den kopf – *die straßen sind voll mit toten. überall blut.* ili brach in tränen aus und verbarg ihr gesicht in ihren händen. béla zündete sich eine zigarette an – *ich war mit józsi am bahnhof. es gibt keine plätze mehr für morgen. der zug ist voll. wir haben mit einem schaffner gesprochen. ein bekannter von józsi. für fünfhundert nimmt er uns mit.* kálmáns augen weiteten sich. *fünfhundert? –* staunte er. *pro person. ein ganzer monatslohn.* er meinte, das sei ein freundschaftspreis. *ich fahre morgen vor –* sagte béla – *ihr kommt mit dem nächstmöglichen zug nach. der sollte übermorgen fahren. der schaffner hält drei plätze für euch frei. der zug fährt bis sopron. falls jemand fragt, sagt ihr, ihr würdet auf eine hochzeit gehen. in sopron wird ein bekannter von mir warten, der bandi. der wird euch dann über die grenze bringen.*

die stimmen in den straßen wurden allmählich leiser. ganz verstummten sie nie. *ihr müsst gut aufpassen. die spitzel der ÁVH sind überall. auf der straße. beim bäcker. beim greißler. gott weiß, vielleicht sogar im haus. ihr dürft keinem trauen.*

béla stand mit einem braunen lederkoffer auf der pawlatsche. es war besonders dunkel an diesem morgen. die ausgangssperre für die nacht war gerade zu ende gegangen. béla hatte sich bereits von seiner frau verabschiedet. sie trocknete ihre tränen mit einem stofftaschentuch. sein bruder ging zu ihm hinaus und schloss die tür hinter sich. béla stellte den koffer ab. die brüder blickten sich wortlos an. kálmán griff nach dem siegelring auf seinem rechten ringfinger und zog ihn ab. er war schwer. ein schwarzer stein funkelte in der goldenen fassung. dann nahm er bélas rechte hand und legte ihm den ring in die hand. *bist du verrückt?* – fragte er. *nimm ihn!* – sagte kálmán – *geld hat keinen wert mehr. wer weiß, was dir auf der reise begegnet.* der ring war seit generationen im besitz der familie. kálmán hatte ihn von seinem großonkel geerbt. *ab... aber der ring* – stotterte béla. *ist mir nicht annähernd so viel wert wie dein leben* – unterbrach ihn sein bruder. sie umarmten sich und küssten sich auf die wange. *wir treffen uns auf der anderen seite* – bélas schritte wurden immer leiser. das tor fiel zu und er war gegangen.

ein dreckiger zigeuner weniger – hallte es aus dem stiegenhaus. kálmán zuckte zusammen. hatte er richtig gehört? er blickte sich um, sah aber niemanden. mit einem mal tauchte eine dunkle gestalt am ende des ganges auf. *was haben sie gesagt?* die gestalt kam näher. kálmán erkannte den nachbarn, pista. er musste die nacht im stiegenhaus verbracht haben. *du hast schon richtig gehört, zigeuner* – lallte er. kálmán roch schweiß und billigen rum. wut stieg in ihm auf. sein gesicht wurde rot. er ballte seine faust – *wagen sie es ja nicht, in so einem ton mit mir zu reden, sie taugenichts.* der mann torkelte in seine richtung, stand mittlerweile knapp vor ihm und lachte. *sonst? erschlägst du mich mit deinem notenständer, du dreckiger zigeuner?* – pista hatte kaum den satz beendet, als ein pochender schmerz ihn ausnüchterte. kálmáns schlag brannte auf seiner wange. die nachbarin riss die tür auf. *pista!* – half sie ihm auf. *wenn dieser nichtsnutz sich noch einmal anmaßt, so über mich oder meine familie zu reden, ist er im nächsten lazarett, das verspreche ich ihnen, frau nachbarin.* pista riss sich von seiner frau los und stand auf. *das ist noch nicht vorbei, juhász! das ist noch nicht vorbei* – lallte er und wankte wütend davon.

kálmán, margit und ili eilten die rákóczi utca entlang. der bahnhof lag schon in sichtweite. eine knappe halbe stunde hatten sie gebraucht. ihre koffer waren schwer. kálmán trug seinen geigenkasten. ohne ihn wäre er nicht gegangen. auf der gegenüberliegenden straßenseite verprügelten drei uniformierte der ÁVH einen zivilisten. *beeilt euch* – drängte er die frauen. ihre stöckelschuhe klapperten über den asphalt. der ostbahnhof keleti erstrahlte im sonnenlicht. die familie hetzte zum gleis nummer zwei. in der mitte des bahnsteiges stand ein schaffner und winkte sie unauffällig zu sich. *juhász?* – fragte er leise. seine uniform schien neu zu sein. auf der mütze leuchtete ein roter stern. *ja* – sagte kálmán – *wir sind bekannte von józsi. balogh józsi.* der schaffner nickte. *hier ist mein ausweis* – sagte kálmán und gab dem mann seinen pass. eintausendfünfhundert forint lagen darin. *gültig* – sagte der uniformierte und grinste. *ihre fahrkarten, genosse* – er überreichte ihnen die karten und wies sie zum dritten wagon. *vielen dank* – sagte kálmán erleichtert. er gab seiner frau die billets und half ihr in den zug. margit voran, hinter ihr ili. dann reichte er ihnen die koffer hinauf. *juhász!* – rief eine stimme von hinten. sie war ihm bekannt. sein nachbar pista lief ihm entgegen. *ich wollte mich bei ihnen entschuldigen* – keuchte er. der schaffner hatte bereits gepfiffen. *nehmt die koffer und geht vor. ich komme sofort nach.* – sagte kálmán zu seiner frau. – *bitte sehr* – sagte er zu pista. der blickte zu boden und suchte nach passenden worten. einige schritte weiter marschierten soldaten mit maschinengewehren auf und ab. *ich... ich habe mich gestern falsch benommen und ich wollte mich bei ihnen entschuldigen. meine frau hat mir erzählt, dass sie heute fahren.* kálmán sah sich nervös um – *ich bitte sie, pista.* der mann sah ihn verwirrt an und blickte zu den uniformierten – *oh, ja natürlich. auf jeden fall wollte ich sie um verzeihung bitten, genosse. ich habe sie beleidigt und das tut mir sehr leid.* kálmán nickte – *ich bin nicht nachtragend. die sache ist für mich erledigt.* er griff nach seiner geige und wollte dem mann die hand geben. *aber für mich noch lange nicht* – sagte pista – *er hat eine waffe!* – schrie er laut und zeigte auf kálmáns geigenkasten. margit blickte aus dem fenster des zuges und sah ihren mann zu boden stürzen. die schüsse der maschinengewehre klangen dumpf. alles um sie herum schien verschwommen. sie schrie und lief zur tür. doch der schaffner hatte sie schon geschlossen. *aufmachen!* – brüllte sie –*aufmachen!* – dann brach sie zusammen. der zug setzte sich langsam in bewegung. der bahnhof zog an ihr vorbei wie ihr leben. kálmán lag tot auf dem bahnsteig. in seinen armen der geigenkasten.

der klang seiner absätze hallte durch den flur des krankenhauses. in der morgendämmerung waren die korridore des wiener wilhelminenspitals leer. nur die schwestern und ärzte liefen die gänge entlang. beatmungsgeräte. gestöhne. stille. kálmán eilte den korridor des dritten stocks hinunter. immer wieder zog er sich nervös seinen kaschmirschal zurecht und steckte ihn in seinen langen, grauen mantel zurück. er suchte nach der nummer neun. die tür war einen spalt offen. er schritt zum hinteren krankenbett. da saßen ili und margit. ihre haare waren grau, ihre falten tief geworden. die jahrzehnte waren schnell an ihnen vorbeigezogen. ihre augenringe verrieten, dass sie lange nicht geschlafen hatten. *du bist gekommen, mein sohn* – sagte der alte mann im bett mit rauer, schwacher stimme. seine weißen haare waren nach hinten gekämmt. er lag reglos da. *ich bin hier, onkel béla!* – schluchzte kálmán. er setzte sich ans bett. *ich musste dich sehen, mein junge* – béla streckte den zittrigen arm nach ihm aus und nahm seine hand. *vor vierzig jahren hat mir dein vater etwas gegeben. etwas, das ich all die jahre bei mir hatte. etwas, das mich immer an ihn erinnert hat.* béla strengte das sprechen sehr an. das rauchen hatte seine stimme heiser gemacht – *du weißt doch, was ich meine, oder?* kálmán nickte. *du stehst heute vor mir wie damals dein vater. und wenn ich dich ansehe, weiß ich, dass er uns niemals ganz verlassen hat* – er hustete – *zieh die zweite lade des nachtkästchens heraus, mein junge, und gib mir, was drinnen ist!* er tat, was béla verlangte und hielt ein kleines rotes tuch in der hand. *dein vater hätte gewollt, dass du ihn bekommst.* béla öffnete das tuch und da lag der siegelring seines vaters. *nimm ihn* – sagte onkel béla, und er legte den ring in kálmáns hand. kálmán blickte zu seiner mutter, wischte sich die tränen aus dem gesicht und umarmte den alten mann.

herr juhász muss sich jetzt ausruhen – sagte eine hohe stimme aus der anderen ecke des zimmers. die krankenschwester brachte medikamente und ein glas wasser. die familie verabschiedete sich und versprach, am nächsten tag wiederzukommen. im flur fiel kálmán in die arme seiner mutter. béla war stets wie ein vater für ihn gewesen. ein vater, den er niemals hatte.

man sagt, es ist besser in wien straßenbahnfahrer zu sein als in ungarn fabriksdirektor. béla war fast so etwas wie fabriksdirektor geworden, in seinem handwerk. die pracht der kärntner straße prägte fortan sein leben. sein parfüm wehte täglich durch sein stammcafé, das café griensteidl. seine maßgeschneiderten schuhe wurden allseits bewundert.

ili und er hatten das wahre wiener leben gelebt. sie wohnten in der innenstadt und kauften in den teuersten geschäften ein. sie konnten es sich erlauben. béla gehörte zu den gefragtesten zigeunermusikern der stadt. schon in der ersten woche hatte er eine anstellung bekommen und stets in den besten lokalen gespielt. ili trug schon im herbst einen nerzmantel, sogar wenn sie zum greißler ging. in der linken tasche hatte sie stets marzipan, in der rechten immer grammeln, und sie naschte abwechselnd davon. *servus, hier spricht die ili aus wien* – sagte sie immer stolz, wenn sie mit einem ungarischen verwandten telefonierte, der drüben geblieben war. ihre neffen und nichten nannten sie nur *tante ili, und zwar in deutscher sprache.*

man sagt, in den bauten der wiener ringstraße ist jeder ziegel ein stück geschichte. bélas leben war eine einzige ringstraße gewesen. man sagt auch, der akzent der ungarn sei der stärkste, den es gibt. béla wollte nie jemanden vom gegenteil überzeugen. er hatte ganz gut deutsch gelernt, trotzdem sprach er jedes wort, als spreche er ungarisch. seine art war ruhiger geworden, seine bewegungen dieselben geblieben. nach seiner flucht war es zu seiner gewohnheit geworden, nachmittags stundenlang im park zu sitzen. wenn er die vögel fütterte, beobachtete er, wie sie sich wegen einem stück brot bekämpften. wie der stärkere den schwächeren besiegte.

man sagt, wien nimmt einen auf. aber das stimmte nur bedingt. und selbst wenn es so gewesen wäre, dann dauerte es jahre. an das neue, an das fremde musste man sich hier immer gewöhnen.

der junge kálmán hatte vor allem mit seinen wurzeln zu kämpfen. er war schon ein österreicher. selbst in seiner sprache, wenn auch nicht in seiner muttersprache. die war nämlich immer ungarisch geblieben. die sprache, den stolz und den fleiß seines vaters hätte ihm keiner nehmen können.

man sagt, dass die menschen auf dem graben in wien eleganter seien als überall anderswo. dass ein *küssdiehand* ehrenwert ist und dass jene, die so grüßen, auch selbst ehre und würde haben. nur dass das für einen wiener selbstverständlich ist. jemand, der erst in wien angekommen ist – wenn auch im bauch seiner mutter – musste das erst lernen.

wenn man im kreis geht, wird man früher oder später wieder dort ankommen, wo man losgegangen ist. auf dem wiener gürtel oder auf der ringstraße musste man allerdings lernen, so zu spazieren, dass man den anfangspunkt wiederfand. man musste lernen, sich im ersten bezirk nicht vom glanz der paläste und nobelläden beirren zu lassen. dass ein geschäft, in dem ein alter österreicher einkauft, für einen neuen österreicher oft nur ein schaufenster bleiben wird.

margit hatte immer versucht, kálmán die schönsten anzüge zu kaufen. sie hatte immer nach verbilligter ware gesucht. sie arbeitete nachts, dort, wo sie nicht vorspielen musste, dass sie nicht hörte, wie man sich hinter ihrem rücken über ihr deutsch lustig machte. dort, wo es reichte, fleißig zu sein, damit ihre arbeit anerkennung fand.

in kálmáns hand lag die geige genau so wie in der seines vaters. das war etwas besonderes, denn er hatte nie gelernt sie zu spielen. seine mutter und auch seine zweiten eltern béla und ili wollten nicht, dass er musiker wird. er schloss die schule mit auszeichnung ab. er wurde bauingenieur. die schallplatten mit den aufnahmen seines vaters als zigeunerprímás hörte er immer wieder, so lange, bis sie völlig zerkratzt waren und rauschen und knistern den klang von kálmáns geige verschluckt hatten.

es war sehr spät geworden. kálmán saß im wohnzimmer in einem lehnsessel und trank pálinka. das zimmer war verraucht.

eine junge frau hielt seine hand. das läuten des telefons brach die stille. mit einer schnellen bewegung griff er danach und hob ab. seine stimme war gedämpft. *hallo?... hallo mama!* – er hörte und nickte – *nein... nein, mama... er kann doch nicht...* er legte auf. sein blick ging ins leere. er schüttelte den kopf und atmete heftig. die frau stand auf, umarmte und küsste ihn. stille kehrte ein. mit beiden händen fuhr er sich durchs haar und sank in sich zusammen. an seinem ringfinger funkelte ein schwarzer stein in goldener fassung. ein zeuge dunkler zeiten. ein zeuge der freiheit.

zuraji
mágó károly

zuraji hatte es gewusst. als hätte ihr jemand zugeflüstert, dass etwas schlimmes geschehen würde. sie hatte versucht, mit stefán zu reden. hatte ihn gebeten, heute nicht zum pferdemarkt zu reiten. schon als kind hatte sich stefán geschworen, immer auf menschen zu hören, die klüger waren als er. und zuraji war in seinen augen um einiges klüger als er – darauf war er sehr stolz und sprach oft darüber in der zigeunersiedlung. doch diesmal antwortete er ihr nicht. er suchte nur seinen langen schwarzen ledermantel, den er nur ganz selten trug, und packte seine satteltasche.

zuraji stand vor ihrem mann. er war zwei köpfe größer als sie. sie sah ihm nicht in die augen. sie putzte nur sorgfältig das kleidungsstück. dann sagte sie, noch entschiedener und lauter als zuvor – *lass doch wenigstens das kind zuhause.*

zur antwort gab ihr stefán bloß einen kuss auf die stirn.

viel früher als sonst brach er auf und nahm seinen sohn mit.

ivan war erst elf jahre alt. er war ein guter reiter. stefán hatte ihn schon mit drei auf ein pferd gesetzt. doch heute machte ihm das pferd zu schaffen, es war unruhig, wieherte laut auf, stellte sich auf die hinterbeine, als er sich ihm näherte, und wollte ihn nicht aufsteigen lassen. mehrmals hatte er versucht, ihm den sattel aufzulegen.

zuraji hatte die ganze nacht über nicht schlafen können. jetzt blickte sie verzweifelt ihrem mann und ihrem sohn hinterher. sie lehnte sich an den zaun, wartete, bis die zwei reiter außer sichtweite waren. dann zog sie einen kübel wasser aus dem brunnen hoch und schüttete es den beiden hinterher. das sollte sie auf der reise beschützen. mit dem bisschen wasser, das im kübel übrig blieb, wusch sie sich hände und gesicht und trocknete sie in ihrem rock.

kaum hatten sie ihren kleinen hof verlassen, trieb stefán die pferde an, und schon ging es im galopp über wiesen und staubige landstraßen. ivan gab sein bestes, um seinen vater einzuholen. der war heute noch schweigsamer als sonst.

warum sie einen ganzen tag zum markt nach kisvárda reiten mussten, verstand der junge nicht. vor zwei tagen war ihnen ein halber morgen land für genau das pferd geboten worden, auf dem er jetzt saß. er verstand auch nicht, warum sein vater in der brennenden hitze seinen ledermantel trug.

zuraji hatte ihn mit der bitte entlassen, er solle gut auf seinen vater achten. so etwas hatte sie noch nie von ihm verlangt. es war stets umgekehrt gewesen. immer bat sie den vater, auf ihren einzigen sohn aufzupassen wie auf sein augenlicht. es kam ja auch sonst nur selten vor, dass er alleine mit stefán fortreiten durfte. meist ging dem tagelanges flehen und bitten voraus. meist bekam ivan die antwort, dass er keinen tag in der schule fehlen dürfe. *es soll dir nicht so ergehen, wie den kindern aus der zigeunersiedlung.*

als sie in kisvárda angekommen waren, winkte ihn der vater zu sich. er nahm gleich den sattel von kalos rücken, und danach die zügel, und begann das rußschwarze pferd sorgfältig zu striegeln. kaum eine halbe stunde später hatten sich schon drei anwärter gefunden, die bereit waren, ein kleineres vermögen für den rappen zu bezahlen. doch der vater schlug jedes angebot aus. ivan liebte dieses pferd, und doch verstand er das verhalten seines vaters nicht. aber er dachte nicht weiter nach. er freute sich, dass er jetzt bei ihm sein konnte.

der duft von frischem lángos und die lärmenden stimmen der menge lagen über dem pferdemarkt. die menschen teilten sich in drei gruppen. in jene, die kaufen wollten und jene, die verkaufen wollten. dementsprechend lobten oder schmähten sie die pferde, um sie billiger zu bekommen. dann gab es noch solche, die sich nur umsahen.

einige schritte von ivan entfernt, versuchte ein mann seinen schwager zu überzeugen – *ich sags dir, bruder, gib dem gadscho diesen dürren gaul! es ist ein wunder, wenn das tier den weg nach hause überlebt. hätten wir es gestern nacht nicht mit heu vollgestopft, könnte man jetzt seine rippen zählen. verkauf es und wir setzen uns in den schnellzug und sind zu mittag wieder zu hause!*

der gadscho, der neben ihnen stand, blickte sie verdutzt an. er hatte kein wort verstanden. die beiden hatten romanes gesprochen. *verzeihen sie, gnädiger herr, ich habe nur erzählt, dass meine frau seit tagen furchtbar krank ist.*

ein paar schritte weiter gab eine junge romni ihrem kind die brust, um es zu beruhigen, als hätte sie von der menge keine notiz genommen.

es war schon nach zehn, als stefán speck und brot aus seiner satteltasche nahm und sein messer aus dem stiefel zog. zu ivans überraschung aß sein vater aber keinen bissen. er setzte sich ein paar meter weit von ihm entfernt auf einen baumstumpf, schärfte sein messer und deutete ivan zu essen, während er die leute auf dem marktplatz musterte. ivan griff zu. er war hungrig, und auch wenn ihm nicht ganz wohl dabei war, alleine zu essen, stärkte er sich genüsslich an der jause, die die mutter ihnen eingepackt hatte.

zuraji hatte kaum geschlafen, böse träume hatten sie wach gehalten. kaum war stefán mit dem jungen fortgeritten, wollte sie zum notar. aber den konnte sie unmöglich vor sechs uhr früh stören. niemand sonst im dorf hätte es gewagt, den altangesehenen mann außerhalb der kanzleizeiten und erst recht nicht in seinem haus aufzusuchen.

schnell zog zuraji ihren weiten rock an, den sie sonst nur sonntags in die kirche trug, und dazu eine geblümte bluse. ihr braunes lockiges haar hatte sie unter einem roten seidentuch versteckt, was ihr blasses gesicht, gegen ihre absicht, noch bleicher erscheinen ließ. sie war viel zu unruhig, um zu warten. sie lief zum haus des notars, und weil drinnen noch alles still war, klopfte sie laut an die vergitterte tür. wenig später erschien der grauhaarige, graubärtige mann. sein buckel war deutlich sichtbar unter seinem hausmantel.

ist etwas passiert, mein kind? – fragte er.

ja, euer gnaden – erwiderte sie entschlossen.

komm herein – sagte er und deutete ihr, in die küche zu kommen.

die frau des notars erschien, stellte eine tasse tee vor zuraji und setzte sich an den küchentisch. zuraji sah sie gar nicht an. sie ließ die tasse unberührt. sie war eine gute menschenkennerin. zeugin eines streits war sie zwar nie geworden, doch sie wusste genau, dass sich frau budai mit ihrem mann nicht erst zwei mal in die haare geraten war, weil er *viel zu nachsichtig sei mit dieser zigeunerbande*, die in ihrem heim aus- und einging.

doch in den augen des notars waren zuraji und ihre familie ehrenwerte, arbeitsame menschen, und das wiederum war in der rangordnung wichtiger als die frage, ob sie zigeuner seien, oder nicht.

zuraji erzählte ihm nun in allen einzelheiten, wie seltsam sich ihr mann die letzten tage benommen hätte und dass sie ein sehr schlechtes bauchgefühl habe. von ihrem ständig wiederkehrenden traum erzählte sie ihm allerdings nicht. gleich sandte der notar seinen sohn um ein fuhrwerk. eine knappe halbe stunde später waren sie schon auf dem weg.

die sengende mittagssonne brannte auf den pferdemarkt nieder. da kam ein kleingewachsener mann mit dicken waden und einem blähbauch, den er angestrengt vor sich hertrug auf stefán zu. der hatte schon fast ein dutzend angebote ausgeschlagen. die stimme des mannes zerschnitt das stimmengewirr des marktes wie ein schwert – *hej, zigeuner, was verlangst du für das pferd?*

ivan wusste, was sein vater jetzt wohl gleich antworten würde – *so viel geld haben euer gnaden gar nicht!* – worauf man verhandeln und die beiden sich einigen würden und schließlich würden sie mit einer menge geld nach hause gehen. denn einen gadscho, der es sich erlaubte, die ware eines zigeuners nicht bezahlen zu können, gab es nicht.

doch diesmal blieb sein vater still, er blickte dem dicken geradewegs in die augen. er musterte ihn von der hutspitze bis zur sohle seiner stiefel und antwortete nicht.

die stille dauerte gefährlich lange. die leute rund um sie wurden auf sie aufmerksam – *hej, zigeuner! bist du taub? oder lässt du deinen sohn für dich sprechen?* – frage der dicke – *soll ich etwa ihn fragen?*

ivan blickte fragend zu seinem vater, der ihn gar nicht beachtete. der zwirbelte seinen schnurrbart und fragte den dicken mit seiner tiefen, dunklen stimme – *sind sie von hier?*

das geht dich einen dreck an, zigeuner! – sagte ein anderer, der sich mit bedrohlichen schritten näherte.

doch anstatt einen schritt zurück zu tun, machte stefán einen großen schritt in dessen richtung. auch wenn seine körpersprache etwas anderes erahnen ließ, antwortete er freundlich und höflich – *fragen darf man ja wohl noch, oder?*

erst als die beiden nur eine armlänge voneinander entfernt waren, sagte der dicke – *ich kenne dich doch, zigeuner. woher kenne ich dich?* –

weiß nicht – erwiderte stefán mit einer ruhe, als würde er mit einem gaul reden – *ich bin nicht von hier.*

no, und warum hast du dann gefragt, ob ich von hier bin?

wie ich schon sagte, fragen darf man doch wohl noch.

hier darf nur der fragen, dem ich es erlaube – trat der örtliche polizeikommandant neben ihn. *und ich sag dir, attila, nicht seine dreckige zigeunerschnauze kommt dir bekannt vor, sondern sein mantel. dieser mantel hat nämlich dem juden rátonyi gehört. in diesem mantel ist der jude mit seiner familie vor den pfeilkreuzlern geflohen. man munkelt, dass man sie einen tagesmarsch von hier entfernt gefasst und von dort verschleppt hat. keiner von ihnen ist wieder gekommen. nicht wahr, zigeuner?*

ja – antwortete stefán und richtete seine augen abwechselnd auf einen der zwei männer – *genau wie mein vater und mein bruder.*

man munkelt auch – fuhr der kommandant fort – *dass die pfeilkreuzler die tochter des alten rátonyi nicht mehr finden konnten, dass sie wie vom erdboden verschluckt war, dass die zigeuner sie umgebracht hätten. die haben sie bestimmt aufgefressen! schön ist sie gewesen, die kleine, ihre haut weiß wie jasmin. etwa in deinem alter muss sie gewesen sein zigeuner... woher kommst du nochmal?*

ivan hatte das ganze gespräch über das pferd geputzt und gestreichelt. er konnte sich nicht erklären, wieso ihm jedes mal ein schauer über den rücken lief, wenn der kommandant zu sprechen begann. und auch nicht, wieso er nicht die geringste angst verspürte, obwohl ihnen zwei kampfbereite männer gegenüberstanden, einer von ihnen sogar polizeikommandant. keine angst, nur ekel und abscheu fühlte er. er wusste, dass die beiden wohl mehr zu befürchten hätten als sie. das ganze dorf wusste, dass stefán einmal, als man versuchte, ihm sein pferd zu stehlen, allein den gesamten markt aufgemischt hatte, mit nichts in der hand als einem prügel.

wie hieß das mädchen doch gleich? – fragte der polizist immer drohender. – *abira?*

so – jetzt haben wir dich, zigeuner – schrie der dicke siegestrunken.

gnädige herren, was geschehen ist, ist geschehen. man soll die vergangenheit ruhen lassen – rief zuraji von weitem. sie hatte nicht abgewartet, bis dem fuhrwerk des notars platz gemacht wurde, sie war ihm vorausgelaufen.

na bitte, zigeuner. dich beschützt also dein weib – sagte der dicke. zuraji schenkte dem keine beachtung. sie warf sich vor die füße ihres mannes und flehte ihn an, mit ihr nach hause zu kommen.

ich wusste, dass etwas geschehen wird. diese verfluchte schwarze katze ist mir schon wieder ins haus gelaufen – erinnerte sie sich an ihren traum, der sich nun wahrhaftiger vor ihr auftat, als jemals zuvor. sie sah ihre haare in bündeln auf den boden fallen.

lass mich, zuraji. das alles hätte schon längst geschehen sollen.

da begriff zuraji, dass die lage noch viel schlimmer war. als sie sich aufrichtete und den polizeikommandanten erblickte, begann sich die welt um sie zu drehen. sie hörte jetzt nur noch seine stimme, und plötzlich stürzte sie ohnmächtig zu boden.

in der zwischenzeit hatte sich auch der notar durch die menge gedrängt – *lassen sie diesen mann in frieden. diese familie lebt nicht in der zigeunersiedlung, sondern mitten im dorf. sie haben niemals irgendjemandem schwierigkeiten gemacht. als ich einmal dringend geld brauchte, machte stefán das brotfach seiner kredenz auf, das bis oben mit geld gefüllt war, und sagte ‚nehmen sie nur, so viel sie brauchen, gyula bácsi. ich borge ihnen gern und sie beleidigen mich, wenn sie auch nur beginnen, über zinsen zu sprechen. sie geben es mir zurück, wenn sie es haben.' stefán und seine familie genießen mein unbedingtes vertrauen. ich bürge für sie, jederzeit und überall.*

er wollte noch mehr sagen, doch dafür blieb keine zeit mehr.

stefán bat den notar mit blicken wortlos um verzeihung, machte zwei schnelle schritte, zog dabei sein messer aus dem stiefel und rammte es dem kommandanten ins herz.

für meine familie – schrie er.

stefán wurde eine woche später, der dicke zwei wochen danach aufgehängt. auch die aussagen mehrerer zeugen, die bekräftigten, dass der polizeikommandant und der dicke die familie rátonyi im frühjahr 1945 tagelang verfolgt und dann getötet hatten, konnten stefán nicht vor dem todesurteil bewahren. die beiden hatten die juden in ihrem versteck bei stefáns familie aufgespürt und alle bis auf die kleine tochter der rátonyis in den straßengraben getrieben und erschossen. stefáns vater und sein bruder konnten noch flüchten, aber der polizeikommandant ließ die beiden verfolgen, ergreifen und bestialisch ermorden.

abira hatte aus ihrem versteck im schweinestall mitansehen müssen, wie ihre eltern und geschwister ihr leben lassen mussten. aber sie hatte in stefáns familie überlebt. stefáns mutter hatte sie wie ihr eigenes kind großgezogen. nur ihren namen hatte sie geändert, nicht jedoch seine bedeutung. sie hieß nun nicht mehr abira – hebräisch *die starke* – sondern – *die starke* in der sprache der roma – zuraji.

fallen
samuel mago

ich weiß nicht mehr, wann ich das letzte mal einen fuß auf
das kopfsteinpflaster vor meiner haustür gesetzt hatte. auch die
uhrzeit konnte ich nur vage schätzen, weil die nachbarin jedes mal
mit dem besen gegen die wand schlug, wenn meine musik sie nachts
weckte. ich saß barfuß am klavier und spielte immer wieder dasselbe
lied. und nicht einmal die kälte der pedale an meinen zehen konnte
mich davon abhalten. auf der nackten matratze in der ecke des
zimmers lagen die decken und polster durcheinander geworfen, wie
nach einem sturm. ich musste mich vom vielen schlafen ausruhen.
ich nahm ein, zwei schluck aus dem glas, das neben mir auf dem
boden stand. das wasser schmeckte nach kalk, asche und staub.
die wände waren gelb vom zigarettenrauch. schwarz-weiß bilder
von uns beiden mit kreppband aufgeklebt. die spiegel hatte ich
allesamt mit tüchern verhängt. aus angst vor dir, oder vielleicht vor
mir selbst. war diese wochenlange melancholie bloß ein hirngespinst?
doch dann sah ich dieses haar auf dem deckel des klaviers. dieses
lange braune haar, das dort schon seit wochen liegen musste. und
es überkam mich ein duft, der meinen schweißgeruch und den
gestank der vertrockneten spiegeleier überdeckte. ich musste mir
einreden, dass mir der rauch der zigarette, die ich mir angezündet
hatte, tränen in die augen trieb, nicht der hunger nach dir. mir war,
als würde mich etwas heimsuchen. ich stand auf, nahm ein bad,
zog mich an und ging nach draußen.

die straßen schienen seltsam anders. alles war ungewohnt
und hell. inmitten der menschen, die mir entgegenliefen, fühlte ich
mich unwohl und fremd. nur zwei, drei ecken entfernt befand sich
schon das café, in das es mich zog. bestimmt war ich wochenlang
nicht hier. seit du gegangen bist, denke ich. es musste sonntag sein,
denn es waren kaum leute da und schon gar keine, die ich kannte.

das war mir auch recht. ich hatte das café gemieden, weil sich jeder erkundigen würde, wie es mir ging und dabei mit erwartungsvollem blick den kopf schräg nach unten senkte. ich war die umarmungen leid und die floskeln von freunden und flüchtigen bekanntschaften, die mir versicherten, immer für mich da zu sein und es dann nicht waren. aber das schlimmste war, hier erinnerte mich alles an dich. der kellner war verwundert, mich zu sehen. ich schätze, er hatte wohl gedacht, ich sei umgezogen, verreist, untergetaucht oder vielleicht auch gestorben. er wusste es. ich sah es an seinem blick, auch wenn er nicht ein wort darüber verlor. er wollte mir wie gewohnt eine melange und ein großes glas leitungswasser bringen, doch ich bestellte ein achtel rot. dafür war es sicherlich noch zu früh, aber das war mir egal.

es vergingen wohl stunden, in denen ich teilnahmslos in die leere starrte. ich dachte an alles, was ich an dir vermisste. es war nicht dein lächeln oder deine lippen. es war auch nicht dein körper. viel eher war es die art, wie du mich ständig kritisiertest. jeder streit, bei dem ich im unrecht war. die art, wie du mich anschriest und dann auslachtest, und diese eine ohrfeige, die ich wahrscheinlich verdient hatte. ich dachte an zagreb, an triest und an prag. an diese widerlichen nudeln, die ich dir in krakau um zwei uhr früh kaufen und dir dann beim kotzen die haare nach hinten halten musste. die vielen male, als wir uns schworen, mit dem rauchen aufzuhören und dann nach zwei wochen und drei kilo mehr wieder anfingen. und nun sah ich zu, wie der kellner einen vollen aschenbecher nach dem anderen für einen frischen austauschte. ich musste aussehen wie ein eremit, zumindest fühlte ich mich so. und dein nachgeschmack, der sich auch nicht mit drei glas wein wegspülen ließ, brannte mir wie benzin in der kehle.

ich glaube, draußen wurde es schon dunkel und ich erinnere mich an die vielen mäntel, die auf dem filigranen kleiderständer hingen. ich saß noch immer auf der bank in der ecke. ich war nicht betrunken, nur von der stimmung der leute wurde mir schwindlig. sie zogen mich hinunter. oder war es umgekehrt? wie auch immer.

eine frau kam herein und sah sich um. sie ging sogar nach hinten, um zu schauen, ob dort vielleicht noch ein platz frei sei oder ob sie dort jemanden kennen würde, kam aber gleich wieder zurück. draußen war es kalt und trotzdem trug sie nur ein sommerkleid. es war senffarben und mit vielen kleinen blüten übersät. fast so wie das eine, das ich dir letzten sommer gekauft hatte. das du dann nie getragen hast. ich erinnere mich, dass ihr meine augen folgten, als wäre sie der einzige mensch im raum. es dauerte nicht lange, bis sie mich bemerkte und sie lächelte mich an. *ist der platz frei?* –fragte sie mich und zeigte auf den einzigen sessel im café, der nicht besetzt war. ich musste mich kurz sammeln. es war mir fast so, als würde ich mich schämen. dafür wie ich aussah, oder dafür, dass mir die worte nicht einfallen wollten. ich nickte und sie nahm vis-à-vis von mir platz. sie versicherte mir, nur kurz zu bleiben, bis ihre freunde eintreffen würden. sie würde nur schnell einen kaffee trinken und gehen, meinte sie. *kein problem* – sagte ich und verbarg mein gesicht hinter der tageszeitung. ich konnte nicht anders, als sie anzusehen. gott weiß, wie sie in wirklichkeit aussah, doch in meiner erinnerung war sie ein abbild von dir. bis auf den kajal, den du immer mit zittriger hand etwas ungerade aufgetragen hast und das muttermal auf deiner linken wange, glich sie dir vollkommen. sie nahm einen schluck aus ihrer tasse, setzte sie ab und fragte mich *was liest du denn?* ich verstand ihre frage nicht ganz. *Zeitung* – sagte ich irritiert. *nein, das meine ich nicht. ich meine das buch da auf dem tisch.* das hatte ich schon vergessen. ich weiß noch, dass es ein reclam heft war. wahrscheinlich schnitzler oder hofmannsthal. wir kamen dann ins gespräch. ich würde dir ja sagen, worüber wir geredet haben, wenn ich es noch wüsste. aber ich denke nicht, dass auch nur ein wort von bedeutung war. sie bat mich dann noch um eine zigarette. ich wollte ihr das feuerzeug reichen, sie wartete aber darauf, dass ich ihr feuer gab.

ihre freunde kamen dann gar nicht mehr. aber ich hatte das gefühl, das würde sie nicht im geringsten stören. ich konnte mir beim besten willen nicht vorstellen, was sie in mir sah. ich meine, ich bin nicht hässlich, ich hatte vielleicht etwas abgenommen. aber in diesem zustand war ich alles andere als attraktiv. wir haben viel gelacht. was ich seit wochen nicht mehr getan hatte. seit du gegangen bist, denke ich. ich habe ihr nicht von dir erzählt. es schien mir nicht passend, es einer fremden bei der ersten begegnung zu erzählen. vielleicht klingt es seltsam, aber ich begann langsam, wieder nebengeräusche wahrzunehmen, die ich bis jetzt ausgeblendet hatte. und auch der benzingeschmack löste sich allmählich von meinem gaumen. ich weiß nicht, ob das daran lag, dass sie mich an dich erinnerte, oder daran, dass sie seit langem der erste mensch war, mit dem ich eine unterhaltung führen konnte. ich nahm mir dann doch noch einen kaffee und später noch ein kleines leitungswasser. irgendwann sagte sie, sie müsse jetzt leider gehen. dieses *leider* brachte mich zum lächeln. *aber wir sehen uns sicher bald* – erwiderte ich. *darf ich dich einladen?* – fragte ich mit dem versuch, etwas charmant rüberzukommen. *danke* – lächelte sie und ging. ich hatte vergessen, sie zu fragen, wie sie nach hause käme. dann musste ich daran denken, wie ich dich damals nach unserem letzten streit habe gehen lassen. daran wie du ins auto gestiegen bist und an den betrunkenen autofahrer, der an diesem tag genau dort die rote ampel übersehen musste, wo du von rechts losgefahren bist. an das krankenhaus. an deine verzweifelten eltern und an die leere wohnung. als der kellner dann kam und abkassierte, fiel mir auf, dass er den kaffee der frau vergessen hatte. ich machte ihn darauf aufmerksam, aber er verstand nicht. *du hattest doch nur einen* – sagte er. *ja schon aber...* – ich sah ihn verwirrt an, wollte gerade aufstehen, da sah ich dieses haar auf dem tisch. ich nahm es, öffnete die tür des cafés, trat hinaus, lief durch die leeren straßen bis zu der kreuzung und blieb stehen. die ampel schaltete wieder auf rot. ich ging bis zur straßenmitte und ließ es fallen. ich brauchte es nicht mehr.

ein augenblick
mágó károly

mario flog über den meterhohen zaun. er streckte seinen linken fuß nach vorne, den rechten nach hinten und fühlte sich, als würde er in der luft schwimmen. das gefühl dauerte kaum eine sekunde, zeit genug, den augenblick zu genießen. solch einen nüchternen flash hatte er nur selten erlebt. high waren sie nie so intensiv gewesen. er blickte zurück und spielte mit dem gedanken, sich umzudrehen und den bart des wachmeisters zu zwirbeln, der ihm schnaufend hinterher jagte. dazu fehlte ihm allerdings der mut. und auch die zeit drängte. an seinem knie spürte er einen stechenden schmerz. er blickte hinunter und merkte, dass er blutete.

ich muss mich beim springen verletzt haben – dachte er, spuckte in seine hand und wischte sich einige male damit übers knie.

das autoradio, das er soeben gestohlen hatte, wurde er so schnell los, wie er es aufgetrieben hatte. es war nicht seine art zu feilschen. außerdem beengten ihn die gitter vor den fenstern der wohnung des schwarzhändlers. er wollte hier raus. es war beruhigend, den kindern zuzusehen, die in der ecke des zimmers playstation spielten. nur einige augenblicke hatte er auf die schießerei im spiel gestarrt, da packte der nepper mit beiden händen sein gesicht und zog ihn vom sessel hoch: *denk nicht mal dran, du scheiß-fruchtzwerg! mich bestiehlst du nicht* – zischte er und drückte seinen mund immer enger zusammen. selbst wenn mario wollte, hätte er kein wort herausgebracht. *da hast du dreitausend, und jetzt raus hier* – der tätowierte schob ihn aus der verdreckten wohnung, sein gesicht noch immer fest in beiden händen.

mario steckte das geld gar nicht ein. er ging mit den scheinen in der hand geradewegs zu einem heruntergekommenen mietshaus in der dószegi-sámuel-utca. hinauf in den ersten stock. dort klopfte er ans fenster einer wohnung. zuerst leise, dann lauter.

was ist mit dir, du spast? – fragte ein knochiger mann, der auf den gang getreten war – *denkst du nicht, dass ich auch ein leben hab? komm rein...*

in der ein-zimmer-wohnung stand eine halbnackte frau.

hör auf, mein mädchen anzugaffen, du opfer – überbrüllte der dealer die technomusik. dabei warf er ihr ein handtuch zu. *und du, zieh dich an.*

mario interessierte das mädchen ebenso wenig, wie die kommode neben ihr oder der ausgeschaltete fernseher darauf. er hatte nie verstanden, wie seine freunde frauen, die an ihnen vorbeiliefen, *geil* finden konnten. *ein handy, das ist geil. ein auto noch viel mehr* – dachte er – *an einer frau muss man aber zuerst riechen, um das entscheiden zu können. und ihre stimme hören.* für mario war erzsébet die schönste frau der welt. als er im heim den anderen erzählte, wie erregt er in ihrer nähe war, lachten sie ihn aus. sie hänselten ihn monatelang. *omaficker* nannten sie ihn und sagten, er würde auf *fette wildschweine* stehen. obwohl er sich die kantinenfrau noch nie nackt vorgestellt hatte, verspürte er jedes mal ein kribbeln, wenn er vor ihr stand.

während er an erzsébet dachte, legte er das geld auf den tisch und griff im austausch nach zwei winzigen durchsichtigen plastiksäckchen. er trat, ohne sich zu verabschieden, aus der wohnung und ging in ein brüchiges, verfallenes gebäude im volksgarten. der weg dauerte keine fünf minuten, doch er schien wie eine ewigkeit. er wischte sich den schweiß von der stirn, setzte sich auf den boden, zog die beine an und gab sich den schuss.

mario erwachte auf grünem rasen. die sonne – nur eine armlänge von ihm entfernt – schien unbeschreiblich angenehm und freundlich auf ihn nieder. es war ihm fast so, als würde er augen, nase und mund des himmelskörpers sehen können und die sonnenstrahlen rund um sie herum. genau wie auf einer kinderzeichnung. er verspürte nicht die spur von schmerzen, nicht den hauch einer unzufriedenheit. die wunde auf seinem bein war verschwunden. es wunderte ihn, dass sogar die schnittwunden vergangen waren, die seit seiner kindheit seinen unterarm entstellten. die male, mit denen er sich ein leben lang gezeichnet hatte. sie erinnerten ihn stets daran, dass er einst alles und alle hinter sich lassen wollte.

er warf sein sakko auf den boden. die ärmel seines weißen hemdes krempelte er hoch. nicht eine narbe.

da hörte er ein großes dröhnen, vielleicht auch zwei oder drei. in seinem körper, oder vielleicht auch von ganz woanders her, er wußte es nicht. auch das machte ihm keine angst. er ging los. mit einer überzeugung so stark wie noch nie zuvor. seine schritte waren leicht. als er nach unten schaute, sah er nagelneue, bunte sportschuhe auf seinen füßen. er schnalzte laut mit der zunge und bewunderte sie noch ein wenig. nach einigen schritten bemerkte er ein verfallenes haus. dasselbe, in dem er gewohnt hatte, bis er sieben jahre alt war. von hier hatte ihn die polizei nach seinem ersten diebstahl in ein kinderheim gebracht. glückseligkeit durchfuhr seinen ganzen körper. seine mutter stand vor dem zaun. sie war nicht betrunken, wie sonst immer, und sie schien ganz jung. so alt wie er. sie lächelte ihn an. ihr fehlte kein einziger zahn.

die frau erschrak, als eine plumpe raue stimme sie von hinten einholte. sie hatte angst. wie meist, wenn marios stiefvater erschien. als sie sich umdrehte, war sie wieder alt geworden, schrumpelig und zahnlos. sie taumelte in das haus. sie war wieder betrunken. mit drei immer schneller werdenden sprüngen stieß der junge sich vom boden ab und sprang über den zwei meter hohen zaun. als er drüben auf dem boden landete, lag ein ledergürtel in seiner hand. derselbe, den er als kind so oft auf seinem rücken gespürt hatte. wortlos schlug er damit seinem stiefvater auf den mund. bevor der etwas sagen konnte, zog er ihm ein zweites mal eins über. dann ließ er den mann, der nach schnaps und schweiß stank, auf die knie fallen und peitschte ihn solange aus, bis sein weißes unterhemd zerfetzt von seinem rücken hing. erst jetzt stand er auf, ging zu seiner mutter, die nun wieder jung war, und küsste sie. er wäre gerne länger geblieben, aber er hatte noch zu tun.

er machte nur ein paar schritte und doch war das berauschende gefühl der revanche, als er sich umdrehte, bloß noch ein bild der erinnerung. das kinderheim hingegen, das vor ihm in den himmel wuchs, schien lebendiger als je zuvor. auch seine farben waren satter. das riesige eiserne tor ging von selbst auf, ohne dass er es berührt hatte. im hof spielten kinder. es war fast, als erkannte er seinen besten freund und sein neunjähriges selbst in ihnen. die kinder liefen umher, als bemerkten sie ihn gar nicht. hinter die büsche, wo sie sich eine zigarette anzündeten. er roch den duft von brennendem tabak in der luft.

er trat in das gebäude und sah herrn zoli mit heruntergelassener hose im korridor stehen. sein behaarter körper war abstoßend.

aus der ferne hörte er stimmen – *lass ihn nicht los, halt ihn fest! versuchs nochmal! noch einmal!* – er schenkte ihnen keine beachtung.

ohne auch nur ein wort zu sagen, schoss er einen laserstrahl aus seinen augen ab. herrn zolis geschlechtsteile klatschten auf den boden. mario trampelte auf den widerlichen hautlappen herum. er genoss sein leid. er wollte den alten treten und tat es auch. immer wieder und wieder, mit aller kraft. das blut sprudelte nur so aus herrn zolis nase. aber marios sportschuhe blieben makellos rein. er stand eine zeitlang schweigend und unbefangen da und schaute ihm zu, wie er sich auf dem boden krümmte.

dann verließ er das gebäude und stand plötzlich einem polizisten gegenüber, der die polizeiwache des VIII. bezirks bewachte. man hatte ihn oft hierhergebracht.

seine schritte schienen sich zu verlangsamen. zumindest fühlte es sich so an. doch am tempo seines ganges konnte man nichts davon bemerken.

wieder hörte er stimmen – *pass auf. steig nicht in diese verfickten nadeln. nimm seinen arm, wir verlieren ihn gleich.* mario blickte um sich – *nicht eine nadel weit und breit!* zum ersten mal seit jahren hatte es ihm nicht gefehlt. er brach nicht in schweiß aus, als er an jene aufregenden sekunden dachte, wenn er mit einem feuerzeug den stoff auf einem löffel aufkochte, ihn mit der spritze durch den filter hochzog, die vene suchte und dann in seinen abgebundenen arm drückte. es ging ihm gut. so gut, wie in den vergangenen sechzehn elenden jahren nur sehr selten. vielleicht nie.

in seinen händen lag jetzt ein maschinengewehr. bevor der polizist, der im tor des polizeireviers stand, etwas sagen konnte, feuerte mario. mehrere menschen liefen aus dem gebäude. alle knallte er ab. über seinem kopf blinkten jetzt links und rechts ziffern auf. die einen zeigten die zeit, die anderen die zahl der opfer an. zweiundzwanzig hatte er erledigt.

das interessierte ihn kaum. dass ihm die zeit ausging, umso mehr. das atmen fiel ihm immer schwerer. er schnaufte, als er die wache betrat. im kalten gebäude war entlang der mauern stacheldraht gespannt, in der luft kamen ihm nackte oberarme entgegen. alle waren darauf aus, ihn zu schlagen, ihn zu treffen. keiner schaffte es. hinten im befragungsraum stand ein stämmiger, aufgeblähter polizist, der oberwachmeister.

mario sprang über mehrere hürden, wich mehreren schlägen aus, bis er einen granatwerfer von seinem rücken schnallte und losfeuerte. genau in die mitte. *you win* – erschien über seinem kopf.

er drehte sich um und ging nach draußen. anstelle seiner leichten sportschuhe beschwerten nun riesige stiefel seine füße. sie sahen aus wie jene, die astronauten auf dem mond tragen. er konnte kaum einen fuß vor den anderen stellen.

es war schon dunkel, als er aus dem gebäude kam. die sonne hatte ihre ganze kraft verloren. weder wärme noch licht gab sie jetzt. der mond hatte sie umarmt und legte sich nun dämmerig über den himmel. mario musste seine ganze kraft sammeln, um die fünf, sechs schritte bis zu frau erzsébet zu schaffen. er war vollkommen ausgelaugt. nach dem letzten schritt sank er müde in ihren schoß. *willst du noch eine portion, mein kleiner? du hast sicher hunger. du hast einen langen weg hinter dir* – sagte sie. mario hatte keine kraft mehr, den löffel vom teller zu heben. frau erzsébeth führte ihn zu seinem mund. sie sang ihm mit lieblichleichter stimme vor. so schön wie noch nie. mario hatte sich noch nie so leicht gefühlt und so schwer zugleich. er wäre gern geblieben. wegen dem guten essen, den streichelnden händen und dem geschmack der rache. aber er musste gehen. er hielt sich am weißen leinenkleid der frau fest und zog sich an ihr hoch. er kümmerte sich nicht um die stimmen, die immer leiser wurden – *lass es! es hat keinen sinn mehr. du kannst ihm nicht mehr helfen...* – er ging weiter. ein helles streiflicht erschien vor ihm, darüber die aufschrift: *finish*.

nur noch ein paar schritte. nichts weiter. nur ein paar schritte – dachte er. er hatte weder die kraft noch die zeit zurückzuschauen. auf die erinnerungen, auf das vergangene. er musste gehen.

spiel mit mir
samuel mago

sie fragte mich, ob ich spielen wolle und ich sagte *ja*. ich musste *ja* sagen. ich wollte nicht dastehen wie einer der jungs aus der schule, die nur zuhause sitzen und keine freunde haben, weil sie zu feige sind zu spielen. da habe ich gesagt – *lass uns spielen!* wir sind den ganzen sommer herumgelaufen. vor allem im hof des backsteinhauses in der engelgasse. sie hat mich gezwungen, in den keller hinunterzugehen. in diesen dunklen keller, in den sich niemand hinunter getraute, weil jános einmal gesagt hat, dass dort jemand gestorben sei. dass man nicht mehr wieder käme, wenn man einmal dort unten war. sie hat meine hand genommen und mich einfach nach unten in die dunkelheit gezogen. ich hatte ein bisschen angst, aber ich wollte es nicht zeigen. weil es ja nur spaß war. nur ein spiel. und irgendwann kamen wir wieder heraus.

wir haben alles gespielt, was wir uns vom leben erwarteten. und es gab fast keine regeln. wir haben den eisig verschneiten winter gespielt und den ewig langen herbst. wir haben geraucht und wir haben unsichtbaren tee getrunken und uns angeschwiegen, so wie man sich eben anschweigt. und wir haben gespielt, wir wären reich. aber nur kurz. so wie die frau bánkuti, die von ihrem reichen onkel geerbt hatte und dann alles im casino verspielte. genau so haben wir es dann auch verspielt.

dann spielten wir, wir seien arm. bitterarm wie herr pál, der früher mit dem fahrrad zeitungen austrug. bevor er einmal stürzte, sich das bein brach und seine arbeit verlor. wir spielten, es sei dezember. es war dann immer ganz kalt. ich hatte keine arbeit und wir hatten kein geld, um zu heizen. und wir würden zum pfandleiher gehen und ihren schmuck verpfänden. und im spiel wussten wir, dass wir ihn auch gleich hätten verkaufen können, weil wir nie wieder das geld zusammenkratzen könnten für den pfandleiher. aber wir gingen trotzdem zu ihm, weil man das im spiel eben so macht. und dann spielten wir, wir würden schlechte kleider anziehen. alte abgelegte kleider, die wir im keller in der engelgasse fanden. und dabei seufzten wir und gaben uns sehr verzweifelt.

dann haben wir bei ihr am großen esstisch gespielt. dem aus ebenholz, dem jugendstil tisch, der mit intarsien verziert war. ich hatte den vorsitz am kopf des tisches und kam mir ganz wichtig vor. wie ein echter mann. wir spielten, wir wären erwachsene, die darüber reden, wie gut die zeiten früher waren, als wir noch jung waren. dabei waren wir es doch noch. wir haben gespielt, als wäre es ernst. wir haben in maßen gegessen und in maßen getrunken. sie hat nie zu viel luft in mein weinglas geschenkt, weil sie wusste, ich vertrage sie nicht. und sie mochte es nicht, wenn ich ihr vorspielte, ich sei betrunken. dann machte ich nämlich manchmal ihr holz service kaputt. weil ich es an die wand warf. und sie wollte dann immer weinen, konnte es aber nicht. deswegen schenkte sie nie zu viel ein und ich beklagte mich nicht. weil ich wusste, dass sie das spiel lieber *so* spielen wollte.

manchmal spielten wir reisen. mit dem schiff und der kutsche. und einmal mussten wir mit der eisenbahn fahren. und sie sagte, sie verstünde nicht, warum es so eng sei und warum man sich nicht hinsetzen könne. und die fahrt dauerte so lange. und dann wollten wir nicht mehr spielen, aber wir mussten. so war das spiel eben. alle spielten es so. weil sie mussten. wir alle mussten. wir waren froh, als es aus war und wir unsere gestreiften pyjamas ausziehen konnten.

dann spielten wir weihnachten. und familie. und kinder. und träume, die wir hatten und dann nicht mehr hatten. und dann bemerkte sie, dass der beleg vom pfandleiher aus einem früheren spiel schon längst abgelaufen war. und *ich* spielte, dass ich *nicht* bemerkte, wie sie mich betrog. mit jános. obwohl seine geschichte über den keller doch gelogen war und *ich* mich getraut hatte, mit ihr in die dunkelheit zu gehen. ich weinte im spiel. und *sie* wollte auch weinen, konnte es aber noch immer nicht. und dann spielten wir uns vor, wir würden es nicht mehr lieben, miteinander zu spielen, obwohl wir es beide noch wollten. und wir spielten, als würden jahre vergehen und malten mit kreide unsere gesichter blass, unsere falten tief und unsere haare weiß. und dann legte sie sich am kerepesi friedhof auf den boden und erwartete von mir, dass ich allen vorspiele, glücklich zu sein. aber das war ich nicht. alleine wollte ich nicht mehr spielen. und dann legte ich mich neben sie. und mir war kalt. viel kälter als damals im dezember, als wir noch zusammen waren und spielten.

in anlehnung an das gedicht ‚akarsz-e játszani' von kosztolányi dezső.

die ohrfeige
mágó károly

zuletzt hatte sich ernő wohl als kind so mit dem binden seiner krawatte geplagt. der knoten wollte und wollte nicht gelingen. seine finger schienen sich zu verknoten, nicht die stoffbahn in seinen händen. verärgert riss er sie von seinem kragen und warf sie auf den boden. einen augenblick lang war ihm, als hätte er im spiegel das vor jähzorn glühende gesicht seines verstorbenen vaters erkannt.

das kreischen des telefons schreckte ihn auf. er hatte den ganzen tag auf diesen anruf gewartet, trotzdem erfüllte er ihn jetzt mit angst. seine frau lag schon seit einer woche im krankenhaus. das kind war noch immer nicht gekommen.

seine schwägerin war in der leitung. *sag schon!* – drängte ernő. *ein mädchen* – kam die antwort.

plötzlich schien ihn alle kraft zu verlassen. er sank erleichtert und glücklich in den lehnsessel. die wortfetzen von der anderen seite der leitung konnte er kaum zusammensetzen. nur die letzten worte erreichten ihn – *dann treffen wir uns im spital, ernő, bis dann!*

servus – sagte er einen moment später und legte den hörer auf. jetzt konnte ernő seine seidenkrawatte mit geometrischer präzision binden. er zog sich ein dunkelblaues sakko an, seinen kamelhaarmantel und seinen lieblingshut. pfeifend und mit dem geigenkasten unter dem arm trat er auf den gang hinaus, nahm die stufen im stiegenhaus doppelt und war in wenigen augenblicken auf der straße. er hätte ruhig fünf stationen mit der sechser straßenbahn fahren können, aber er wollte nicht warten. er stolzierte lieber über die budapester ringstraße. als er jedoch mit hohem tempo aus der majakovszij utca um die ecke bog, rutschte ihm der hut vom kopf. er fing ihn elegant in der luft, noch ehe er in den matschigen schnee fallen konnte, und setzte ihn mit einer lockeren bewegung wieder auf. ohne die langatmigen bitten der alten bettlerin abzuwarten, drückte er ihr zwei forint in die hand, kaufte an der ecke noch seidenzuckerl und trat dann durch das riesige geschnitzte holztor des krankenhauses. *das ist das einzig schöne an diesem haus, dieses tor* – dachte er – *und meine tochter natürlich.* dieser gedanke erheiterte ihn. das lächeln blieb in seinem gesicht, bis er die aula betrat.

der zweite weltkrieg und die 1956-er revolution im vorjahr hatten das gebäude, das in den 1880-ern gebaut wurde, stark mitgenommen. bis in die zwischenkriegszeit hatte es noch zu den modernsten spitälern budapests gezählt. ernős vater hatte damals ein kleines vermögen dafür bezahlt, um seine frau bei jeder schwangerschaft hierherbringen zu können. *die ersten zigeunerkinder, die hier zur welt gekommen sind* – sagte der arzt oft. ernős vater hatte das niemals als beleidigung gesehen. er war stolz darauf, dass er sich das leisten konnte.

als ernő im zweiten stock aus dem lift stieg, kam ihm der arzt entgegen. *ah, genosse radics. gratuliere zum nachwuchs* – sagte er lächelnd. *sie, ihre fünf geschwister, und jetzt auch ihre tochter… weiter so, genosse. weiter so. die heimat muss gedeihen. sie sind auf einem guten weg!*

herr doktor – sagte ernő und wich absichtlich dem wort *genosse* aus – *ist alles in ordnung mit meinem mädchen?*

alles ist in bester ordnung, gehen sie nur hinein, die gnädige frau ruht sich aus.

ich danke ihnen – sagte ernő und schüttelte dem arzt die hand.

er betrat den kaum zwanzig quadratmeter großen krankensaal, in dem sechs erschöpfte mütter lagen.

grüß gott – sagte ernő, lüpfte seinen hut und nickte in alle richtungen. *kannst du aufstehen, mein schatz?* – fragte er seine frau, auf das wort *schatz* hatte sie zunächst gar nicht reagiert, weil ihr gatte es wohl nie zuvor verwendet hatte. sie hatte gar nicht bemerkt, dass ihr mann hereingekommen war. julika hob ihren kopf erst, als sie ihn ihren namen sagen hörte. sie schlüpfte in ihren morgenmantel und stieg sehr langsam und vorsichtig aus dem bett. *warte* – sagte ernő – *ich helfe dir.* er stützte sie. gemeinsam warteten sie dann draußen im korridor auf die schwester. die ging ins nebenzimmer, um das kind zu holen. sie schob die kleine auf einer klapprigen kinderkarre auf den gang hinaus. julika schien von der geburt noch etwas benommen, wenn auch alles gut verlaufen war. die schwester schob die karre mit dem schlafenden kind zu ihr. julika hatte sich inzwischen auf die bank gesetzt und versuchte nun, das kind aus dem wägelchen zu heben. *sei vorsichtig* – sagte ernő – *sie könnte rausfallen. die räder von diesem ding sind älter als ich.* er sorgte sich um die kleine, getraute sich aber nicht, selbst hinzugreifen. julika lächelte, schaute ihn beruhigend an und nahm seine hand – *keine angst, ernő, ich pass schon auf.* sie nahm das kind aus dem wagen. *wenn ich sie anschaue* – sagte sie – *sehe ich dich.* und einen augenblick lang lag eine zärtliche stille im raum. dann drückte sie ernő sogleich den schlafenden säugling in die arme. er hatte gar keine zeit, dem etwas entgegenzusetzen, schon hielt er etwas ungeschickt seine tochter in den händen. minutenlang saßen sie wortlos da. der vater mit breitem grinsen, die frau todmüde und abgekämpft. schließlich brach das weinen des mädchens die stille. die mutter nahm sie zu sich und begann sie zu wiegen. *dieser ganeff hat schon wieder genosse zu mir gesagt* – sagte ernő. *er tut so, als hätte ich damals im hotel royal nicht immer wieder dieses verbotene lied für ihn spielen müssen. das gelbe ross. dafür wäre ich fast ins gefängnis gekommen. er hat so laut und so furchtbar falsch gesungen, dass es mir meine ohren verstopfte. damals musste man ihn noch herr graf nennen, dabei war er weit entfernt davon, einer zu sein. und jetzt ist er plötzlich ein genosse und hat seinen namen auf kovács geändert...*

ernő, liebster – sagte seine frau leise – *du erschreckst das kind.*

dann nahm sie seine hand und ernő wurde verlegen. *vor anderen leuten macht man so etwas nicht* – hätte er normalerweise gesagt. diesmal verkniff er sich die worte und sagte – *du hast recht, julika.*

sie saßen noch einige minuten still nebeneinander. dann stand ernő auf. *ich muss gehen* – sagte er leise. *schau – ich hab dir seidenzuckerl mitgebracht. die magst du doch so gern.* julika bedankte sich. *wenn du irgendetwas brauchst, kannst du ruhig die ica anrufen* – sagte er – *sie bringt dir alles, was du willst. pass auf dich auf* – und er strich seiner frau über die haare. für diese kleine geste war sie dankbar, auch weil mittlerweile einige ihrer zimmernachbarinnen auf den gang gekommen waren.

als er aus dem krankenhaus trat, überlegte er kurz, ob er den lenin ring entlang zu fuß zum hotel royal gehen sollte, anstatt die straßenbahn zu nehmen. die sonne war zwar hinter den wolken hervorgekommen, doch der eiserne wind hatte ihn ausgenüchtert. und auch eine pfütze, der er nicht ausgewichen war. in der straßenbahnstation zog er aus der innentasche seines sakkos ein stofftaschentuch, das mit seinem monogramm bestickt war. er lehnte den linken, dann den rechten fuß gegen eine metallsäule und versuchte, so gut es ging, seine schuhe sauber zu machen. *im hotel gebe ich dann dem putzer zwei forint, dass er sie mir mit schuhpaste poliert.* und plötzlich musste er an seine kleine tochter denken und wie glücklich er doch war, dass er ein mädchen bekommen hatte. *mit einem jungen muss man viel strenger umgehen* – ging es ihm durch den kopf. er würde seiner tochter nicht beibringen müssen, wie man sich ans hintere ende der straßenbahn hängt, um sich das geld für eine fahrkarte zu sparen. *meine tochter wird nicht draußen am wagon hängen, wie ich als kind.* nach der fünften station umklammerte er seine geige, die er bisher locker in der hand getragen hatte, zog sie eng unter seinen arm und stieg aus. der verkehr auf der ringstraße schien heute viel stärker als sonst. ganze fünf autos waren schon an ihm vorbeigehuscht, bevor er die straße überqueren konnte.

im restaurant des hotel royal war es warm. von den mitgliedern der zigeunerkapelle war noch niemand eingetroffen. ernő setzte sich an den tisch hinter dem zymbal und bestellte einen verlängerten schwarzen. der kaffee kam und er zündete sich eine zigarette an. diese erste zigarette wurde immer von einem ritual begleitet. er legte stets sein silberetui auf den tisch und die streichholzschachtel manierlich daneben. der erste schluck kaffee war immer größer. ernő mochte es, wenn der heiße, herbe kaffee über seinen gaumen floss.

heute war er aber in gedanken ganz woanders und davon hatte auch róbert notiz genommen, als er die tasse auf den tisch gestellt hatte. *da ist aber jemand gut gelaunt* – bemerkte der gutaussehende kellner. *mit gutem grund* – sagte er beinahe lachend – *ich bin soeben vater einer wunderschönen tochter geworden!*

gratuliere – sagte róbert laut, allerdings nicht *so* laut, dass er damit die gäste gestört hätte.

dann wird heute noch gefeiert – sagte er, ging mit schneller und doch gewohnt fescher manier zu jenem tisch, dem der geschäftsführer heute ausgesprochen große aufmerksamkeit zukommen ließ, und nahm die bestellung auf.

eine viertel stunde später waren alle anderen musiker eingetroffen. sogar onkel déki hatte sich an diesem tag nicht verspätet. bevor die kapelle zu spielen begann, drehte ernő sich zu dem älteren herrn um, der gebückt hinter dem zymbal saß und sagte – *hören sie, onkel józsi! es ist mir egal, was ich letzte woche gesagt habe. heute können sie trinken, so viel sie wollen.*

der grauhaarige mann schlug glücklich mit den klöppeln in die seiten des zymbals. immer, wenn die gäste nicht hinsahen, legte dezső, der bratschist, seinen zeigefinger mitten auf seine glatze und drehte sich im kreis, als wäre er eine frau, die csárdás tanzt. und das wiederholte er an diesem abend immer wieder. je mehr er getrunken hatte, desto weniger genierte er sich vor den gästen.

es war schon nach zehn, als die kapelle die erste pause einlegte. bisher hatten sie immer nur ganz kurz unterbrochen, gerade so lange, wie es brauchte, ein stamperl hinunter zu kippen. und jedes mal wurde das glas auf den nachwuchs der familie radics gehoben.

sie legten die instrumente aus der hand und schritten an die bar. jene gäste, die zum abendessen kamen, waren schon gegangen. nur noch einige tische waren besetzt. während die leute an ihnen vorbeiliefen, wurden stets die gläser gehoben und man rief – *lang lebe die tochter des genossen prímás.*

auf dem pult standen acht stielgläser, die auf die musiker warteten. bevor jemand etwas sagen konnte, nahm róbert das äußerste glas und stieß mit den musikern an – *auf das radics mädchen, diese runde geht auf mich.*

jeder kippte sein getränk. ernő bestellte die nächste runde.

diesmal nur sieben. ich muss noch arbeiten – sagte róbert.

einen deiwel müssen sie – sagte ernő, blickte auf den barmann und zeigte nun auch mit den fingern, dass er acht gläser cognac bestellte.

in diesem moment trat der geschäftsführer aus seinem büro. ernő hatte gerade noch zeit, seine bestellung zu ändern – *verzeihung: neun gläser.*

kein einziges – lallte der geschäftsführer, der kaum noch klar reden konnte. seine krawatte war gelockert und hing lasch über seinem zerknitterten hemd.

kein einziges – wiederholte er und schwang bedrohlich die faust. *kein einziges, solange ich hier der geschäftsführer bin.*

er hatte nicht halb soviel mit jener hochgestellten gesellschaft getrunken wie die kapelle. trotzdem konnte er kaum mehr stehen, während die musiker nur lachten.

normalerweise wäre ernő um eine resolute antwort nicht verlegen gewesen, doch heute war er gut gelaunt. dezső trat vor, zeigte auf den klarinettisten und sagte – *kein problem, dann übernimmt eben die querpfeife das geschäft.* er konnte den satz kaum beenden vor lauter lachen. und mit ihm lachten alle anderen.

wenn du auch nur versuchst, ein einziges stamperl auszuschenken, brauchst du morgen gar nicht erst wiederkommen – sagte der geschäftsführer zum barmann. *nur weil es eine zigeunerhure mehr gibt, brauchen wir hier kein tamtam zu machen! – was haben sie gesagt?* – fragte ernő mit tiefrotem gesicht.

eine zigeunerhu... – er konnte den satz nicht beenden. schon hatte ernő ihm eine schallende ohrfeige versetzt. und bevor er noch weitere drohungen aussprechen konnte, bekam er gleich noch eine zweite.

am nächsten tag schien zunächst alles beim alten im restaurant des hotel royal. ernő legte sein zigarettenetui auf den tisch, daneben die streichhölzer, dann nahm er einen großen schluck vom kaffee. noch am selben abend würde sich onkel déki wieder so betrinken, dass ernő ihm erneut abstinenz verordnen müsste.

alles in bester ordnung – dachte ernő, auch wenn er sicher war, dass er weder die eleganten tische noch die gäste des hotel royal jemals wieder sehen würde. bestenfalls als gast könnte er wiederkommen, doch das würde er sich dann wohl nicht mehr leisten können.

den geschäftsführer vor allen leuten zu ohrfeigen, das war keine kleinigkeit. er musste sich damit trösten, dass zigeunerlieder eben nur zigeunerlieder sind. dass er genug von ihnen kannte und dass man ihn auch anderswo anstellen würde. wenn auch nicht an so einem vornehmen ort, wenn auch nicht mit so einer hohen gage, aber seine tochter würde er trotzdem großziehen können.

der geschäftsführer traf an diesem abend entgegen seine gewohnheit etwas später im hotel ein. sein anzug war wieder makellos. er trank den ganzen abend über nur sodawasser. nach der zweiten pause hatte er sich dazu gebracht, mit ernő zu sprechen.

er wollte die angelegenheit eigentlich unter vier augen klären, doch ernő bestand darauf, dass er vor allen angestellten mit ihm sprach. vor seinen kollegen hätte er nichts zu verbergen.

mein lieber radics – stotterte der manager und starrte dabei auf seine schuhe. da wusste ernő bereits, dass ihm wohl doch nichts schlimmes erwartete. wenn ihn der hotelier früher beim namen rief und nicht nur kommandierte, hatte er stets *genosse radics* zu ihm gesagt. vielleicht auch nur *radics*. darin war er sich nicht ganz sicher. *mein lieber radics* hatte er ihn bislang jedoch noch nie genannt.

wie geht es, wie geht es uns? wie geht es dem kind? – fragte er.

gut – sagte ernő.

na dann soll sie schön wachsen und gedeihen, die kleine, und ihre haare sollen immer schön gepflegt sein. mit dieser kleinigkeit möchte ich ihnen gutes glück wünschen – sagte er und drückte ernő einen kleinen, roten haarreifen in die hand, ohne dass der zeit gehabt hätte zu antworten.

soweit ich weiß, ist sowas bei ihnen sehr beliebt – fuhr er fort. *na dann, nur weiter so* – sagte er, und – *nur die schönsten lieder spielen, wie immer genosse, die schönsten lieder!* dann machte er kehrt und verschwand in seinem büro.

jonas und ionuț

samuel mago

jonas. freitag, mein teufel.

mein neues iphone hörte nicht mehr auf zu vibrieren. es klang so, als würde jemand versuchen, mich in einer endlosschleife anzurufen. eigentlich waren es die nachrichten in einem gruppenchat, die mir auf die nerven gingen. es war einer dieser freitagabende, an denen ich zu viel vorhatte. gleich auf drei hausparties war ich eingeladen. und zwei events. eines angesagter als das andere. doch jemand wie ich ließ sich von so etwas kaum beeindrucken. ich knöpfte mein sandbraunes burberry-hemd zu, stopfte es in meine jeans und schnürte gelassen meine burgunderroten bootsschuhe. meine haare waren frisch gemacht. meine mutter hatte mir einen neuen haarspray gekauft. einen, den mir mein friseur roger einige tage zuvor wärmstens empfohlen hatte. ich griff zu meinem parfum und spritzte eine erhebliche menge davon auf meine kleidung, zum schluss noch zwei spritzer auf meinen hals, die ich mit der handfläche verrieb. schon vor jahren hatte sich mein duft für mich herauskristallisiert. ich bestellte die sonderedition der einhundert milliliter flasche gleich mehrmals online. hier in deutschland war sie nicht erhältlich. der preis spielte kaum eine rolle. solange es mein duft war, war ich glücklich.

beim hinausgehen sah ich noch ein letztes mal in den spiegel. während ich den reißverschluss meiner daunenjacke zumachte, sah ich auf mein handy. *jonas, wir warten am alex auf dich* – stand in der letzten nachricht, die auf whatsapp aufleuchtete. mit meinen achtzehn jahren hatte ich ein gewisses gefühl dafür entwickelt, welche events es wert waren hinzugehen und welche nicht. auch die reihenfolge meines erscheinens auf den jeweiligen parties hatte ich schon beim fertigmachen routinemäßig in meinem kopf durchgeplant. der *alex* – für menschen, die wenig ahnung von berlin oder dem allgemeinen weltgeschehen haben, auch *alexanderplatz* genannt – war mit dem auto nur etwa eine halbe stunde von meiner haustür in berlin charlottenburg entfernt. auf dem weg dorthin blieb ich kurz bei einem späti stehen und kaufte kippen. gauloises rot. zwei schachteln. eine für mich und eine für die nervtötenden kletten von freunden, die zu arm waren, sich kippen zu leisten und immerzu von mir schnorren mussten. ich schrieb dem veranstalter der ersten party eine kurze nachricht, um sicherzustellen, dass er gray goose vodka gekauft hatte. andernfalls hätte ich diesen schnell noch irgendwo besorgt, um mich nicht mit dem geschmack eines billigvodkas zufrieden geben zu müssen. ich zündete mir eine kippe an und sah bereits ein paar leute auf dem alex stehen, die sich bei genauerem hinsehen als meine freunde herausstellten. einer von ihnen musste heute nüchtern bleiben, um mich später in meinem wagen nach hause fahren zu können. mit ihrer kleidung hatten sie schon immer versucht, mich zu imitieren. nur einigen war es ansatzweise gelungen. ihre namen spielten kaum eine rolle. meiner umso mehr. sie stiegen ein. wir fuhren los. und in meinem kopf zeichnete sich bereits ein bild des katers vom nächsten morgen ab. ein teufel, dieser freitag.

ionuț. freitag, mein engel.

ein zerkratztes altes handy lag auf dem wohnzimmertisch und läutete leise im nokia tune. oft war der akku leer, weil meine kleine schwester irina heimlich stundenlang snake darauf gespielt hat. ich zog mein schwarzes t-shirt über meinen kopf und hob ab, während ich die hände durch die ärmel steckte. *hey ionuț* – rauschte die tiefe stimme meines arbeitskollegen durch die schlechte verbindung. *treffen wir uns auf dem unirii platz?* ich sagte *ja* und legte auf. es war einer dieser freitagabende, an denen ich zu viel zu tun hatte. gleich zwei jobs warteten auf mich. einer anstrengender als der andere. doch jemand wie ich lässt sich von so etwas nicht kleinkriegen. wir brauchten das geld. ich war jung und hatte die kraft, die meiner mutter fehlte. ich knöpfte meine dunkelbraune mcdonalds uniform zu, stopfte sie in meine ausgeblichenen jeans und schnürte eilig meine turnschuhe. sie hatten meinem vater gehört und waren mir etwas zu groß. meine haare waren ein bisschen fettig. meine mutter hatte versäumt, die wasserrechnung zu bezahlen, und die kalte dusche machte mir das haarewaschen unmöglich. ich griff zu meinem deo und sprühte etwas davon unter meine achseln. ich roch genau wie mein vater. ich musste damit sparen, damit es für den rest des monats reichte. es war der duft von papa und ich war damit glücklich.

beim hinausgehen küsste ich meine mutter auf die stirn. sie schlief schon auf dem sofa. für meine achtzehn jahre hatte ich ein gewisses gefühl dafür entwickelt, welche jobs es wert waren und welche nicht. die route von unserem haus ins stadtzentrum hatte ich bereits beim fertigmachen routinemäßig in meinem kopf durchgeplant. der unirii platz, auf dem die matthiasstatue stand, war einige kilometer von meiner haustür in einem vorort von cluj entfernt. auf dem weg dorthin lief ich durch eine waldlichtung zum stadtrand, nahm die schnellbahn und zwei busse. eine alte zigarettenschachtel in meiner jackentasche war mit ein paar zigaretten gefüllt, die ich zuhause gedreht hatte. ich schrieb meinem chef eine kurze nachricht, um sicherzustellen, dass ich in der nacht wie besprochen in einem club als kellner arbeiten konnte. andernfalls hätte ich im mcdonalds überstunden gemacht. im club zahlten sie mir fast das doppelte, und so könnte ich gleich einige rechnungen und mahnungen begleichen. ich stieg aus dem letzten bus, zündete mir eine zigarette an und sah bereits eine große schmächtige gestalt auf dem platz stehen, die sich bei näherer betrachtung als mein kollege erwies. er war angezogen wie ich. die schuhe waren eine spur neuer. sein name spielte kaum eine rolle. meiner noch weniger. wir waren lediglich zwei mittellose typen in rumänien, die wieder einmal eine nachtschicht schoben. wir bewegten uns richtung mcdonalds und in meinem kopf zeichnete ich bereits ein bild von der warmen dusche von nächster woche. er ist ein engel, dieser freitag.

jonas. machs jut, berlin.

mama weinte. sie verstand nicht, warum es mir egal war, dass mein zeugnis nicht für eine aufnahme in eine der deutschen universitäten reichte, die papa für mich ausgesucht hatte. papa tat so, als wäre es ihm auch egal – *ich arbeite mein ganzes leben dafür, dass es dir einmal besser geht. schön, dass dir das scheißegal ist. mach was du willst. es ist dein leben.* ich musste also nach österreich. in ein land, in dem es keinen numerus clausus gab und die deutschen studenten die universitäten annektiert hatten, wie einst hitler die ostmark. mich mit adolf hitler zu vergleichen war wohl mehr als ironisch. ein sinto, egal wie reich oder gebildet, wäre vor siebzig jahren so oder so in einem kz gelandet. und schließlich würde ja auch ich nur mehr eine matrikelnummer sein und meinen namen verlieren, wie meine vorfahren damals. *wenn mein opa dachau überlebt hat, werde ich wohl auch wien überleben* – sagte ich zu meiner mutter, die kurz davor war, mir eine zu geben. ich lächelte. irgendwie hätte ich sie gerne bekommen.

ich ging vor unsere tür hinaus auf die behaimstraße und zündete mir eine kippe an. ich hatte keine angst. ich musste berlin, die muddastadt, schließlich nur für einige jahre verlassen. außerdem würden mir mutter und vater jeden monat geld schicken. wien war für seinen kaffee und seine gemütlichkeit bekannt und etwas langeweile konnte mir ja auch nicht schaden. um meine freunde machte ich mir keine sorgen. sie würden sicher wieder einen reichen sponsor finden, der sie erhalten würde – auch wenn er wohl nie so brillant sein könnte wie ich.

ionuț. la revedere, cluj.

mutter weinte. sie verstand nicht, warum mir die schule so wichtig war, und warum ich mich nicht mit einer universität in rumänien begnügen konnte. sie weinte wohl auch vor glück. ihr ältester hatte es geschafft, mit einem stipendium aus dieser müllhalde auszubrechen. aus ihm würde vielleicht einmal etwas werden. *dein vater ist sicher stolz auf dich* – sagte sie, während sie eine meiner zigaretten rauchte und die tränen aus ihrem verschlafenen gesicht wischte. *er hat sein ganzes leben lang dafür gearbeitet, dass es euch einmal besser geht.* ich durfte also nach österreich. in ein land, in dem es keine armut gab und die menschen sich keine gedanken über kalte duschen und unbezahlte stromrechnungen machen mussten. es würde keinen unterschied machen, dass ich rumäne bin. selbst ein zigeuner, egal wie arm oder ungebildet, konte dort seinen traum leben und hätte alle möglichkeiten auf dieser welt. und schließlich durfte ich eine matrikelnummer werden. eine österreichische. *wieso verlässt du mich, mein sohn* – fragte meine mutter und drückte meine wangen zusammen. ich lächelte. irgendwie hätte ich sie auch gern lächeln gesehen.

ich ging vor unsere tür und zündete mir eine zigarette an. der rauch mischte sich mit dem gestank von biomüll. ich hatte angst. ich musste cluj schließlich für jahre verlassen. außerdem müsste ich mutter aus wien jeden monat geld schicken, damit sie die rechnungen zahlen konnte. wien war für seinen kaffee und seine gemütlichkeit bekannt und ich war mir sicher, ich würde einen job als kellner finden. um irina und meine brüder machte ich mir keine sorgen. sie würden sicher auch ohne mich zurechtkommen – auch wenn ich sie wohl vermissen würde.

jonas. wien, du drecksloch.

die uni machte mich fertig. unter den österreichern und den ausländern war ich nur der dumme piefke, der auf dieser wiener universität asyl bekam, nachdem er es in deutschland nicht geschafft hatte. mein akzent schien viele zu nerven. manchmal schien mir, als müsste ich die sprache neu lernen, auch wenn sie eigentlich dieselbe war, die ich sprach. ich hatte mir angewöhnt, so oft, wie ich konnte, das wort *ur* ins gespräch einzubauen und meine kippen *tschick* zu nennen. freunde wollte ich keine finden. vielleicht wollte ich doch, aber ich schaffte es irgendwie nicht. mein einziger rückzugsort war dieses leere café neben meiner haustür, in dem ein seltsamer rumäne kellnerte. mein geld wurde immer knapper und es kam mir vor, als würde alles auf kaffee und kippen draufgehen. manchmal war es mir fast schon peinlich, dass ich fünf stunden neben einem kalt gewordenen doppelten espresso verbrachte und las. aber es war allemal besser, als alleine in meiner wohnung zu sitzen, die von meinen eltern bezahlt wurde, woran sie mich auch regelmäßig erinnerten. doch langsam begann ich, berlin zu vermissen.

ionuţ. wien, du königin.

die uni kostete viel zeit. unter den österreichern und den deutschen war ich nur ein ausländer – ein *tschusch* – der auf dieser wiener universität studieren durfte und dann später das sozialsystem ausbeuten würde. mein akzent schien viele zu irritieren. diese sprache war mir so fremd, weil sie so hässlich war und so rau. sie wollte mir nicht und nicht in den kopf. ich verstand nicht, wofür man drei artikel brauchte, und warum mädchen und kinder sächlich waren. ich hatte schnell gelernt, dass es einen unterschied zwischen *die abwasch* und *der abwasch* gab und musste jedes mal lachen, wenn die gäste im café, in dem ich kellnerte, mit *prost* anstießen, was auf rumänisch nichts anderes als *idiot* bedeutet. freunde hatte ich schnell gefunden. vielleicht waren die meisten aber eher bekannte. den großteil meines tages musste ich in diesem kaffeehaus verbringen, in dem immerzu dieser seltsame deutsche saß, stundenlang neben einem einzigen espresso, sich ständig den aschenbecher wechseln ließ, beim bestellen immer schnippte und sich niemals bedankte. ich verdiente gut, machte viel trinkgeld. der deutsche war knausrig. nachts streute ich immer den inhalt meiner geldbörse auf den küchentisch und steckte mir einen zehner zurück, der für den nächsten tag reichen musste. essen konnte ich ja schließlich im kaffeehaus. meine mutter und meine brüder waren froh über das viele geld, das ich nach hause schickte. doch langsam begann ich, sie alle zu vermissen.

jonas. schweres geld.

das studium war eine einzige katastrophe. meine professoren waren alle klugscheißer. manchmal ging ich nur in die uni, um zu schlafen. man lernte nichts in den vorlesungen und die klausuren waren so schwer, dass ich fast überall durchfiel. als meine mutter nach meinem zeugnis verlangte, war ich erst richtig am arsch. *wenn das so weitergeht, kannst du gucken, dass du selber dein geld verdienst. wenn du schon nicht richtig studierst, dann geh verdammt nochmal arbeiten. irgendwas musst du ja machen.*

im nächsten monat schickten sie mir nur die hälfte. nach drei wochen sparen war ich völlig pleite. es wäre mir egal gewesen, hätte ich nicht lisa kennengelernt. ein tolles mädchen. eines, das man nicht nur knallt. mit dem man auch reden kann. das man auch einladen muss. sie kam immer wieder ins café und irgendwann traute ich mich, sie anzusprechen. der kellner guckte mich manchmal schräg an. ich glaube, er war einfach nur eifersüchtig. sie kam immer wieder mal mit zu mir. ich glaube, sie war die erste frau, in die ich mich verliebte. ich hatte nur immer wieder das gefühl, dass sie mir etwas verschwieg. aber ich fragte nicht.

ionuţ. ein gameboy.

die uni war mein leben. ich hörte meinen professoren zu, als wären sie propheten. ich setzte mich immer in die erste reihe und viele von ihnen kannten schon mein gesicht. manchmal ging ich sogar in fremde vorlesungen von anderen fakultäten. die prüfungen waren anfangs schwer, weil ich lange brauchte, um die fragen zu verstehen. mit der zeit hatte ich mich in der sprache zurechtgefunden. dass ich nicht jahrgangsbester werden würde, war mir klar. aber ich gab mein bestes. mama fragte nie nach der uni. sie bedankte sich immer für das geld. *du fehlst uns so, mein schatz. wenn du zu weihnachten nach hause kommst, koch ich dir eine woche lang nur dein lieblingsessen. gehts dir auch gut bei den deutschen?*

im nächsten monat verdiente ich so viel, dass ich mir in wien zum ersten mal etwas zum anziehen kaufen konnte. irina schickte ich mit der post einen gebrauchten gameboy, den ich im internet gekauft hatte. ich hatte drei wochen dafür gespart. und dann lernte ich lisa kennen. sie war echt schön und hatte auch was im kopf. sie war dauernd im café. meine kollegen erzählten mir, dass sie immer nur dann käme, wenn ich schicht hatte. sie schaute mich immer mit diesem blick an und irgendwann traute ich mich, sie anzusprechen. der deutsche setzte sich manchmal neben sie und versuchte mit ihr zu flirten. ich sagte nichts, weil ich sah, wie dumm er sich anstellte. sie kam immer wieder mal mit zu mir. ich glaube, sie war die erste frau, die mich liebte. ich hatte immer wieder das gefühl, dass sie mir etwas verschwieg. und einmal war ich so dumm, danach zu fragen.

jonas. ohne lisa.

als ich gestern ins café kam, sprang mich der rumänische kellner an der tür an, verpasste mir eine und zog mich hinaus auf die straße. ich konnte mich noch nie richtig prügeln. ich weiß gar nicht, ob ich ihn auch nur einmal getroffen habe, aber wir waren beide außer atem. *lass mein mädchen in ruhe, du arschloch* – sagte er in gebrochenem deutsch und spuckte auf den boden. *was ich mache, geht dich einen scheißdreck an* – sagte ich und hievte mich vom boden hoch. mein rücken tat richtig weh. *xas mo kar, zhungalo njamco* – schimpfte er mir hinterher. er wollte wohl nicht, dass ich ihn verstehe. aber ich verstand jedes wort. ich rief noch am selben abend lisa an, brüllte ins telefon und machte mit ihr schluss.

ionuț. ein bruder.

der deutsche kam am nächsten tag wieder ins café. er entschuldigte sich, bevor ich auch nur ein wort sagen konnte. ich hätte wohl auch so nichts gesagt. ein ausländer hält in wien so oft er kann lieber den mund. er fragte mich, ob wir reden könnten. es war kurz vor sperrstunde, und es war nur mehr eine frau im café. ich setzte mich mit ihm hin. *sie hat mir nicht von dir erzählt. glaub mir, ich hätte nichts mit ihr angefangen, wenn ich von dir gewusst hätte. ich hab gestern mit ihr schluss gemacht* – sagte er. dass sie gestern auch mit *mir* schlussgemacht hatte, erzählte ich ihm an diesem abend nicht. *es tut mir echt leid. ich bin übrigens jonas* – sagte er. *ich bin ionuț. das ist jonas auf rumänisch.* ich lächelte. es tat mir ein bisschen leid, dass ich ihn gestern so hart geschlagen hatte. er hatte sich kaum gewehrt. wahrscheinlich hatte er sich noch nie geprügelt. ich schon mein ganzes leben. außerdem hatte er nichts falsches gemacht. lisa hatte uns beide im dunkeln gelassen. *darf ich dich was fragen?* – er beugte sich etwas näher zu mir. ich nickte. *tu hal rom?* sein dialekt war etwas seltsam, trotzdem verstand ich seine frage. *ob ich zigeuner bin?* – fragte ich zurück. *sag dieses wort nicht. das ist nicht schön* – schüttelte er den kopf. *es ist nur ein wort* – sagte ich.

die alte frau ging eine viertel stunde später und ich sperrte ab. ich stellte dann noch eine halbvolle flasche schnaps auf den tisch und wir blieben bis halb vier. wir sprachen über unsere familien, unser zuhause und die uni. worüber roma eben so sprechen. worüber man im exil eben so spricht.

der käfer
mágó károly

herr gazmanek lächelte zufrieden, als der volkswagen käfer mit derselben leichtigkeit ansprang wie jeden tag in den letzten 51 jahren.

1300 kubikzentimeter, 30 pferdestärken, zuverlässige genauigkeit. der hagere mann sprach die worte laut, obwohl sie keiner hören konnte, denn er stand alleine in seiner garage in budapest, in der er den wagen seit 1968 parkte. schon der kauf war aufregend gewesen. damals konnte man sich ein auto aus dem westen nur beschaffen, wenn ein verwandter drüben den kaufpreis beim staatlichen sowjetischen außenhandelsbetrieb *konsumex* eingezahlt hatte. erst dann durfte man den wagen beim autohändler *merkur* in budapest bestellen und ihn wochen später dort abholen.

nur leider hatte herr gazmanek keine verwandten im ausland, also musste er einen bekannten in wien, der 1956 republiksflüchtig geworden war, dafür bezahlen zu behaupten, sie seien verwandt. der cremefarbene volkswagen käfer zählte inzwischen knapp 117.993 kilometer und schillerte noch ebenso elegant wie damals, auch wenn er fast ganz ungarn befahren hatte, mehrmals in der tschechoslowakei und polen und einmal auch in dresden war.

deutsche präzision – dachte er, sprach die worte jedoch nicht mehr aus. er sah auf die uhr: 11:24. das bedeutete, dass er mit seinem treuesten gefährten nur noch sechs minuten allein verbringen konnte.

er hatte es genau so geplant, als seine enkelin laura zur welt gekommen war. damals hatte er noch gewissensbisse gehabt, was er den anderen enkeln vermachen würde, doch seine tochter eva konnte das richten, indem sie keine weiteren kinder bekam. heute, an ihrem achtzehnten geburtstag, sollte der käfer also an laura gehen. es hatte viel mühe und ausdauer gebraucht, um den zeiger auf die von herrn gazmanek ersehnten 118.000 kilometer springen zu lassen. in den vergangenen monaten hatte er täglich knapp fünf kilometer zurückgelegt, denn er hatte es sich in den kopf gesetzt, laura das auto an ihrem 18. geburtstag mit einem tachostand von exakt 118.000 kilometer zu übergeben.

die täglichen fünf kilometer hatte er allerdings nur in den umliegenden sechs gassen bewältigt, und zwar knapp vor einbruch der dunkelheit, nachdem sich der verkehr schon etwas gelegt hatte. er wollte schließlich nichts riskieren. fuhr er früher los, war der verkehr zu dicht. fuhr er später, war es zu dunkel. und leugnen konnte er weder vor sich selbst, noch anderen gegenüber, dass seine fahrkünste nicht mehr ganz taufrisch waren.

während der motor warm wurde, dachte er plötzlich an den sommer 67 in heviz, an die nacht, die sie damals aus geldmangel statt in einem hotel auf dem rücksitz dieses autos verbracht hatten. er und seine schon damals etwas mollige, aber äußerst anziehende junge frau irén.

der ausflug war so etwas wie ihre hochzeitsreise gewesen, für mehr hatte es damals nicht gereicht. doch diese wenigen tage waren wohl die ausgelassensten und vertrautesten ihrer ehe gewesen. die ganze zeit über hatten sie gelacht. iréns drängende schritte setzten diesen gedanken ein ende. sie erschien in der garage, angespannt wie eine überdrehte gitarrensaite kurz vor dem reißen.

nimm – sagte sie.

fast schon mechanisch hob herr gazmanek zunächst den korb von ihrem linken arm, dann das weiße nylonsackerl von ihrer rechten. beide stellte er in den offenen kofferraum in der schnauze des käfers und fixierte sie sorgfältig. *nicht auszudenken, wenn die karosserie bei dieser letzten fahrt beschädigt würde* – dachte er. und obgleich der weg in die entgegengesetzte richtung kürzer gewesen wäre, machte er einen umweg um das fahrzeug, um seiner frau in den wagen zu helfen. währenddessen überprüfte er die karosserie – die stoßstange, die motorhaube, die zwei türen und den kotflügel – und stellte zufrieden fest, dass alles bestens in schuss war und die polierer gute arbeit geleistet hatten. der käfer funkelte innen und außen makellos.

bitte anschnallen, frau gazmanek – sagte er mit tiefer stimme, die in ein leises kichern mündete.

géza! – sagte die frau bestimmend. *es ist nach halb zwölf. du weißt, wie pünktlich eva mit dem mittagessen ist. und deine fahrkünste sind auch nicht mehr, was sie einmal waren.*

eva war überhaupt nicht pünktlich. so wie in vielen anderen dingen auch, war sie ihrer mutter darin gar nicht ähnlich. ungeachtet dessen tat géza so, als hätte seine frau recht und fuhr los, obwohl er es kein bisschen eilig hatte. er wollte diese letzte fahrt mit seinem käfer noch einmal genießen und jede sekunde auskosten. er schaltete in den rückwärtsgang, lenkte das fahrzeug langsam auf die straße, schaltete in den zweiten, in den dritten gang, beschleunigte, drehte das radio auf und lehnte sich weiter nach hinten als sonst, sodass er die pedale gerade noch mit den fußspitzen erreichte. das fenster kurbelte er so weit herunter, dass der wind sein graues haar zerzauste. er fuhr ungewöhnlich schnell, so schnell, dass die reifen mit jeder kurve lauter pfiffen. das hatte zwei unannehmlichkeiten zur folge: auf dem beifahrersitz ermahnte ihn seine frau im minutentakt, langsamer zu fahren, und sie erreichten das haus der tochter sieben minuten vor der verabredeten zeit. letzteres störte ihn noch mehr, denn er wusste natürlich, dass irén ihre tochter mit stechenden blicken strafen würde, weil sie mit dem essen längst nicht fertig war. er versuchte sich mit dem gedanken zu beruhigen, dass es auch nicht anders gekommen wäre, wenn er langsamer gefahren wäre.

herr gazmanek parkte und hupte drei mal, das heißt, er wollte drei mal hupen, denn noch bevor er die hupe zum dritten mal drücken konnte, bellte irén noch schriller und lauter als die alte hupe des käfers selbst – *hör auf! die ganze straße starrt uns an.*

das war natürlich nicht wahr, aber herr gazmanek hatte damit sein ziel erreicht. noch bevor er seinen sicherheitsgurt lösen konnte, um aus dem wagen zu steigen, lief ihm seine enkelin entgegen und fiel ihm mit großem schwung um den hals.

das blonde, blasse mädchen hielt ihren großvater fest in den armen und schien dabei ihre großmutter kaum zu beachten. herr gazmanek hatte den eindruck, die umarmung würde schon minutenlang dauern. den lärm der nachbarschaft hatte er ausgeblendet, so sehr, dass er auch von der beißenden bemerkung seiner gattin – *da bin ich ja nur noch zweite wahl!* – nur einzelne silben aufschnappte.

laura hingegen hatte sie wohl in aller deutlichkeit gehört. sie küsste ihren großvater rasch auf die stirn und lief zu ihrer großmutter auf die andere seite des wagens.

auf dem weg ins haus, beschaffte sich irén die wirklich wichtigen informationen. sie stellte drei fragen und zwar – *warum, bitte, hat dein vater den rasen wieder nicht rechtzeitig gemäht!?* und *denkst du nicht laura, dass dieser rote lippenstift etwas zu mondän und weltläufig ist für dein alter?* und *wieso ist deine mutter schon wieder nicht mit dem kochen fertig?* lauras antworten zeigten die entsprechende wirkung bei frau gazmanek, die jetzt noch abfälliger als zuvor das vorzimmer betrat.

herr gazmanek überprüfte noch einmal den kofferraum, obwohl er wusste, dass er ihn abgesperrt hatte, nachdem er den korb und den plastiksack herausgenommen hatte. dann schloss er sorgfältig das schloss zuerst auf der beifahrer-, dann auf der fahrerseite – und ging langsam durch den garten zum haus. hinter den trägen schritten steckte nicht mehr der wunsch nach abschied, vielmehr das vorhaben, so spät wie möglich einzutreten und damit einen streit mit seiner frau zu vermeiden, wenn er nämlich tochter, schwiegersohn und enkelin verteidigte. das gelang ihm auch, zu verdanken hatte er das jedoch blindem glück, weil der hintere nachbar nämlich genau jetzt in den garten trat und sich eine gute viertel stunde mit ihm unterhielt – über für herrn gazmanek so abstoßende themen, wie zum beispiel die schwulenparade, die auch dieses jahr im zentrum von budapest stattfinden sollte. *ich*

sage es ihnen, wenn die um jeden preis darauf bestehen, sich so
unzüchtig miteinander aufzuführen, sollen die das doch innerhalb
ihrer eigenen vier wände machen – sagte der glatzköpfige mann,
der ende fünfzig sein musste, während er seinen hund streichelte.
herr gazmanek nickte zustimmend, verabschiedete sich höflich
und ging ins haus.

angespannte stille erwartete ihn. um diese zu lösen, setzte
er sich gleich an das ostdeutsche e-piano, das unter dem fenster
stand, und begann zu spielen. er hatte das instrument seiner tochter
vor etwa dreißig jahren in dresden gekauft. er spielte dasselbe
lied, mit dem er im sommer 66 in balatonalmádi im restaurant
„freundschaft" eröffnet hatte. kaum schlug er die tasten des
keyboards an, sah er lajos, den zigeunerprímás geradezu vor sich
stehen. noch bevor sie die ersten worte gewechselt hatten, hatte
er diesen mann schon verachtet. er konnte sich seine befangenheit
auch später nicht erklären. niemals. alle anderen kollegen nannten
ihn lajoska und mochten ihn, nicht so herr gazmanek. er wollte um
jeden preis distanz wahren.

eine anfängliche feindseligkeit seinerseits konnte auch
lajos, der ausgesprochen gutaussehende, klein gewachsene mann
um die vierzig nicht bestreiten. aber was hätte er tun sollen. die
parteiführung hatte vorgeschrieben, dass er für eine anstellung in
balatonalmádi zwei instrumente beherrschen müsse. er konnte nicht
anders, als zu behaupten, er wäre auch schlagzeuger. in wahrheit
hatte er noch nie in seinem leben trommelstöcke in der hand
gehalten, ja er verabscheute das instrument geradezu. womöglich
noch mehr als die klarinette. *schlagzeug ist nur was für amateure*
– pflegte er zu sagen.

er war schon am aufstellen des schlagzeugs gescheitert. mit
einem selbstgefälligen lächeln hatte herr gazmanek die einzelteile
schließlich zusammengebaut.

die ersten nummern klangen recht unbeholfen. der
gelegenheits-schlagzeuger ließ herrn gazmanek zwar niemals aus dem
takt laufen, doch das ärgerte den sommerpianisten vielleicht noch
mehr. für herrn gazmanek, den elektroingenieur war dieser sommer

der dritte, den er nach erhalt seines diploms dafür verwendete, nebenbei mit seiner musik etwas geld zur seite zu legen und zugleich auch der letzte. nach dem sechsten lied drosch er regelrecht in die tasten. mit diesem duo würde er wohl nicht einmal ein wackeliges fahrrad einspielen können.

bis lajoska dann nach der pause gegen die strengen einwände seines kollegen vom schlagzeug auf die geige wechselte. und plötzlich verdienten sie in vier stunden mehr geld, als herr gazmanek in seiner späteren position als stellvertretender abteilungsleiter der fabrik *ganz-mavág* in einer woche. die sticks kamen in diesen drei monaten nur noch ein einziges mal zum einsatz. eine seltsame deutsche gesellschaft wollte partout tango tanzen.

in der restlichen zeit ging lajoska von tisch zu tisch und erfüllte jeden musikwunsch. wie herr gazmanek später erfuhr, war er in budapest dafür bekannt, so gut wie jedes zigeunerlied zu kennen.

die zwei männer verbrachten jeden moment dieses sommers miteinander. lajoska zeigte herrn gazmanek, bei welchem lied er welche harmonien spielen sollte, welche stellen lauter oder leiser und welche eher parlando klingen müssten. der ingenieur konnte es sich selbst nicht eingestehen, aber die gravierenden unterschiede in ihrem verständnis von musik mussten wohl der grund dafür gewesen sein, warum sich die beiden später nie wieder begegneten. vielleicht war es aber auch herrn gazmaneks stolz, den es schmerzte, sich als elektroingenieur belehren zu lassen und dann auch noch von einem zigeuner.

das lied war zu ende. herr gazmanek fand sich körperlich und geistig im wohnzimmer des hauses seiner tochter im budapester 20. bezirk wieder. das essen wurde aufgetragen. brathuhn mit sehr viel sommergemüse. irén bemühte sich sichtlich, ihre kritik für sich zu behalten, und aß mit einigem appetit. auch herr gazmanek blickte dem großen ereignis jetzt schon mit vollem magen entgegen. wann war der rechte augenblick, seine überraschung zu präsentieren?

seine tochter brachte die geburtstagstorte. es störte ihn nur ein wenig, dass vor dem ausblasen der kerzen ein unbekannter mann erschien, doch er sagte nichts, auch wenn er laura das geschenk lieber im engsten kreis der familie übergeben hätte.

irén hatte ihn unter dem tisch schon mehrmals gegen sein schienbein getreten. herr gazmanek sprang mit einer schnelligkeit auf, die selbst junge männer blass aussehen lassen würde. er knöpfte sich den oberen knopf seines sakkos zu, leerte sein weinglas und klopfte mit der dessertgabel drei mal dagegen. *liebe familie, liebste enkelin* – begann er seinen monolog, an dem er schon seit wochen gearbeitet hatte. *das leben ist eine reise. und wie schön ist es, diese reise auf bequeme weise zu unternehmen. wer will schon in der holzklasse fahren, wenn man auch mit einem luxusgefährt unterwegs sein kann. und ein kleiner käfer, in dem unzählige pferdestärken lauern, macht doch gleich alles viel schöner und einfacher. mein leben war erfüllt und vollkommen. und auch nach diesem tag wird es das bleiben. meine frau ist noch immer eine schönheit* – er gab irén, die neben ihm saß einen schnellen kuss. sie sträubte sich zwar, doch sie war sichtlich angetan von der geste und den worten ihres mannes. *meine tochter ist eine starke und selbstbewusste frau, meinen schwiegersohn liebe ich so, als wäre er mein eigen fleisch und blut. von meinem treuesten gefährten – nach meiner geliebten gattin natürlich – werde ich mich heute trennen. ich schenke meinen geliebten käfer dir, liebste laura. wisst ihr, ich bin ja nicht mehr der jüngste. und für die öffentlichen verkehrsmittel muss man in budapest über siebzig ja sowieso nichts mehr zahlen* – fügte er lächelnd hinzu.

ich wusste es – rief das mädchen und küsste aufgeregt ihre großmutter auf die wange, während sie ihren großvater mit dem rechten und irén mit dem linken arm umklammerte. *ich wusste es* – wiederholte sie nachdrücklich und wandte sich schließlich dem fremden zu.

nun, herr bognár! jetzt haben sie ihn nicht mehr nur auf fotos, sondern auch in echt gesehen. wie gesagt, unter die 1.350.000 forint kann ich nicht gehen! wenn sie das hier und jetzt nicht bezahlen, geht der käfer an jemand anderen.

ohne zu blinzeln hatte sie das gesagt. und der unbekannte mann griff in seine innentasche und legte das geld bis zum letzten fillér auf den tisch. während er mit dem autoschlüssel in der hand das haus verließ und herr gazmanek draußen wenige sekunden später den motor seines käfers aufheulen und die reifen quietschen hörte, kauerte sich laura in die arme ihres großvaters. so, wie sie es als kleines kind immer getan hatte.

du bist mir doch nicht böse opa, oder? – fragte sie. herr gazmanek saß starr da, als hätte ihn jemand mit einem hammer auf den kopf geschlagen. *weißt du, mit so viel geld* – sagte laura – *und mit dem, was ich im sommer verdient habe, kann ich mir einen nagelneuen volkswagen kaufen. genau so wie du damals, weißt du noch, opa?* der großvater war still und weiß geworden wie die bestickte tischdecke vor ihm.

daran, wie sich herr gazmanek ins taxi gesetzt hatte, das ihn nach hause brachte, und daran, wann er seinen dunkelblauen anzug aus- und seinen gestreiften pyjama angezogen hatte, konnte er sich nicht mehr erinnern. er lag mit offenen augen im bett und starrte zum plafond hinauf. während seine gattin immer lauter schnarchte, würgte ihn nur mehr dieser eine gedanke, der ihm nicht mehr aus dem kopf gehen wollte.

war es nicht eine ironie des schicksals, dass ihm zu adolf hitlers deutschem volkswagen ausgerechnet ein zigeuner verholfen hatte.

widmungen

mit größtem dank an christa, magdi, mozes und kajó,
die uns geholfen haben, unser buch, unser glück zu machen.

der uhrmacher
für lacika, gyöngyinénye und lacibácsi, unseren uhrmacher.
für die redaktion des jüdischen magazins NU.

in erinnerung an meinen ur-urgroßvater jellinek samuel
und meine ur-urgroßmutter stern anna,
die in auschwitz ermordet wurden.

wie man satt wird
für meine frau, erika und alle starken mütter.
für keri und jeji,
die ihre kinder alleine großgezogen haben.

der freibrief
in erinnerung an unseren urgroßvater, den dünnen,
für gyuribátya, gizinénye, pityubátya, rózsika, kálmi,
und für alle kindeskinder der familie berki.
für meine tante nagykati.

für alle überlebenden des roma-völkermordes,
und all jene, die dafür sorge tragen,
dass sich solch ein grauen niemals wieder ereignet.

für die initiative dikh he na bister und tausende aktivisten,
junge roma und nicht-roma, wie vicente, jonathan und martin,
die auch 70 jahre nach dem völkermord
gegen das vergessen kämpfen.

der schlüssel

für familie báthory-beck.
für meinen onkel joka, der meine karriere immer vorantrieb.

hagel im oktober

in erinnerung an onkel béla, tante ili und großvater.
für alle kindeskinder der familie mago.
für christiane und die familie juhasz.
mit größtem dank an prof. radics.

zuraji

für alle starken frauen.

in erinnerung an eine halbe million roma und romnja,
sechs millionen juden und jüdinnen
und zehntausende homosexuelle,
die in den konzentrationslagern der nazis ermordet wurden.

für alle überlebenden roma und romnja, die auch nach dem
zweiten weltkrieg als bürger zweiter klasse leben mussten.

fallen

für alice, emily, hannah, kathi, laura, lisa, marcus und
sophie, die mich nie fallen lassen.
für zoli, szandika, zolika und móni,
die mich immer am boden halten.
für peter paul wipplinger, dem meine geschichte gefallen hat.

ein augenblick

in erinnerung an alle jugendlichen, die verlassen wurden,
die das leben an den abgrund gedrängt hat.

spiel mit mir
für kathi, laura und lisa, die nie spielen wollen.
für kriszti, pisti und agu, die immer spielen wollen.
für das café kafka in wien.
für vági barbi und talán csabi,
die mir beigebracht haben, mit bildern zu spielen.

die ohrfeige
für alle starken väter.

jonas und ionuţ
für manuela und manuel, für ioana und irina, für kriszti
und für alle roma und romnja, die studieren
und zu vorbildern werden.

in erinnerung an daróczi dávid, der immer unser vorbild bleibt.

für ferdinand, kiki und stefan, mariana und suhal,
und alle lernhelfer und lernhilfekinder des romano centro.

für benny, dalia, david, dotschy, gilda und alle berliner.
für thomas und alle sinti.

der käfer
für meine freunde papinot feri, hermann gabi,
gottmann peti und sándor zsolt, die besten kollegen.

biografien

samuel mago

geboren 1996 in budapest. lebt seit 2000 in wien. er ist schriftsteller, künstler und roma-aktivist und stammt aus einer roma-familie mit mütterlicherseits jüdischen wurzeln. samuel mago studiert derzeit transkulturelle kommunikation an der uni wien, ist chefredakteur der zeitung des vereins romano centro, arbeitet als antiziganismustrainer und für orf-radio-produktionen. 2014 sieger des redewettbewerbs *sag's multi* mit einer rede über roma, antiziganismus und toleranz. 2015 exil-jugend-literaturpreis. 2016 roma-literaturpreis des PEN-clubs.

mágó károly

geboren 1981 in budapest. studierte kommunikation in budapest. arbeitete beim roma-radio, rádió c und moderierte das roma-magazin des öffentlich-rechtlichen fernsehsenders mtv. redakteur bei der ungarischen tageszeitung népszava und bei der ungarischen nachrichtensendung tények des privatsenders tv2, wo er knapp zehn jahre lang tätig war und 2011 als reporter des jahres ausgezeichnet wurde. unterrichtete am center for independent journalism in budapest und setzte sich ehrenamtlich in roma-jugendprojekten ein. heute arbeitet er beim meistgelesenen online nachrichtenportal des landes, origo.hu, und lebt mit seiner frau und seiner tochter in budapest.

Amare phurenge, amare mamijenge, amara lalake,
a familiake, so kerdas amari baxt.

A majcina shake, kon baxt kerel, e Jazminake.

Das amen godji amare paposke.

E baxt romani
Samuel Mago

T'aves baxtalo – Kade das ame le Rom lasho djes. Thaj „*zigeuner*", „*cigány*" – Kade phenen amenge le strejina manusha, le gazhe. Thaj univar kana nashaven amen: *Zhantar kathar!*

T'aves baxtalo – Kade das ame lasho djes jekh-avreske, ke aba maj anglal zhanas, ke amen, le Romen, naj amen baxt. Bibaxtako sam. Amari baxt, ame trubul te keras la.

Ande le khameski vuljica aba adjes xasajlas o udud, kana me vorta pa kodi maros muri godji, sostar naj ame baxt. Sostar phende pa ame, hoj chore sam, kana muri dej aratji ek intrego piri memeljiga kiradas. Sostar phende kodi, hoj naj amen them, kana vi me kathe trajiv. Ande kadi vuljica, ande kado becirko, ande kado foro som khere. Sostar vorta ande khameski vuljica mindig sas o tunjariko?

Dikhos sar muri dej mure dadeske parne gada shuvelas jekh avreste. O tunjariko avri las aba lengi farba. Sar suro avnas. Zhanos, hoj muro dad zhi kaj detehara bashavela.

Muro phral pashljolas pasha mande ando pato, haj me pe kodo phagros muro shero, amare but-but phrala taj phenja kaj shaj shuven tele von pengo shero? *Maladjilem baxtale Romenca* – mindig kadi phenelas muro dad. Vi me kamlom, te maladjuvav lenca. Kodolenca, kon kerde pengi baxt. Kamlom te shunav sa lengi historia, sa lenge pecimata. Te na avlas khonjik, kon mothol le, ame, me mure phralesa mothovavas tumenge kadal historiji taj paramichi. *Sov-tar more, dileja* – phendas mange muro phral kovles ando kan.

O chasari
Samuel Mago

Le mizmeresko kham perdal peklas po firhango thaj pekelas vi pe leski faca. Lenge firhangura shonenca anglal vaj dore bershenca anglal thodas avri leski dej. Na butenca angla kodo so mulas. Daba zhanglas avri te phutrel peske jakha. Peske vast angla peske jakha vazdas, kade kamlas te arakhel peske jakha katar o kham. Opre beshlas thaj selduj vastenca kaj peske jakha unzolas, peske kale shora lashardas thaj anda peski rupuni thuvaljaki talca avri las ek thuvalji.

Vorta sar kamlas te del jag peski tuvalji, avilas leske ek gindo sar anda suno. Vov xuklas opre, shudas e thuvalji thaj sidjarimasa huradas pe opre. Paka kodi thodas pesko muj ando lavoro, so kothe sas, pasha o vudar. Opre las pesko zubuno thaj das avri. Vo shutas unji pasura thaj tordjilas. Pe kodo das pe gindo, vaj te zhal palpale vaj na. Kon zhanel sode chasura shaj sas. Lesko dad sa kodi phenlas, hoj bibaxt anel te palpale boldes tu. Ba akanak kerdas la. Vov phuterdas pale o vudar taj das ande. Kothe dikhlas po baro xarkuno chaso, so opral po vudar sas. Kathar kodo azhukarlas te sikavel e lashi vrama, de aba de katar aratji tordjilo sas. Vi zhanlas kodi, feri avri gelas anda lesko shero. Xoljasa shutas peske vast ande l' bal thaj pale das avri anda kher. Akanak aba zorasa phandadas o vudar pala peste. O chaso, so po zido akastime sas, mishkisardas pe ek cerra thaj logijas banges po karfin. Lesko dad o chasari akasindasas les kothe po falo, inke angla kodo sar umbladas pe shelesa ande peski chasongi bolta, savi sas unji etazhura majtele. Feri jek shavo sas les. Kodo sidjarlas akak ando kavehazo, so nas dur peske kherestar. Chi ashilas les kaver, feri unji posotjenge taj zidonge chasura. Jek sas maj kuch katar o kaver. Karing gele-tar kadala chasura, kodo chi lesko shavo, kon bikindas len, chi zhanglas te phenel. Ke kana mule leske phure, atunchi ando zalaghazo vaj ka o bikinari, kon kuch barrenca butjazij, sas te mukhel len te aven les trajimaske love. Anda kadal potjinlas avri, so trubulas. Feri o xarkuno chaso, so ande anglunji soba akastime sas, ashilosas leske. Nas les jilo te bikinel les. Lesko dad pe lesko bijandimo kerdasas les leske.

Le phure chasares sakon ande Peshta patjiv delas. Lesko dad shukares kidas pe ande chasengi bolta taj latar rakhlas pesko manro. E vorba *császári* pe ungrikaki shib kodi phenel hoj amperaticko-j. Ba le anaveske khanchi grizha nas karing o kraj, vaj karing e monarxija. Le chasareski morchaki farba kasavi sas, sar le kavre manushengi. Kade huravlas pe, sar le bare raj, kon leste phirnas te kinen variso. Chi las sama khonjik hoj ek rom hamisajlo pasha l' raj ande bishto shelutno bersh. Vov sitjilas sar trubul te kerel taj te lasharel chasura, te kade varikon te mangelas lestar, te kerel xoxamne butja vi kadi aba zhanlas te kerel. Kade pecisajlas, hoj pala le majshukar chasura opral po pulto but love xutjildas thaj inke majbut tala o pulto, pala kodola shvajcaricka chasura, so aba shoha chi dikhle e Shvajcarska.

Leski romnji rakhadjilas ande *Liliom* vulica, savi sas feri uni vulici maj dur katar lesko biandimasko kher. Lako dad sas biboldo taj cukrosko magnashi. Voj inke cini shejorri sas kana pelas lake pe dragomaste ko sharmantno, terno taj barvalo shavo. Le phure katar sejduj loshanas kana von line pe taj colaxarde.

Lengo shavo o Gusti inja shon taj unji djes pale lengo biav bijandilas, pala kodo o chasari ketanake gelas peske. Infanteristo sas ande angluno lumako marimo. Kade le cine shavores chi zhanglas te ingrel ande forosko kher, opre te meldij lesko rakhadjimasko djes, hanem le shavesko kirvo ingerdas les, de feri pala duj-trin vaj maj but djesa. Kade pecisajlas, ke naj ande shavoreske dokumentura, kana chachikanes rakhadjilas.

Shajke anda kadi avilas ande lesko trajo o majfontosho hoj pe vrama avel gata sakofalo. O phuro chasari kade gindijas, hoj e asimilacija naj zhungali butji. Sar barjarelas peske shaves, kado fontosho sas. Le Gusteske sa kade phenlas, hoj leske tramci sa vonjika te aven. Majbutivar phenlas, hoj ande vrama te kerel sakofalo – *Te nashtig phenel khonjik, muro shavo, hoj romengi butji*

keres. Tjo papu thaj me zurales but shutam anda kodi, hoj sakofalo
te na lel amendar ek varikon, kon xoljajvel pe l' roma.

Le Gusteski dar te na avel pe vrama, e dar, te maren muj lestar kaj Rom-i, sa kodola trabi kerdjile la vramasa leski fobia. Kade pinzharenas les, hoj vov sa rajikanes hurado-j, thaj ande inkrel e vrama. Te unjivar kade pecisajlas, hoj palpale reslas les e vrama, le but chasura so ando kher sas, palpale cirde les. Kade kamlas majmishto, ke ratjasa angla o teatro zhukarlas zhikaj le rajikane mursha thaj zhuvlja avri aven kothar. Kothe tordjolas pasha lende, kade, te shaj shunel, sar vorbin von pa teatrosko kotor pasha leste. O Gusti zurales kamelas le teatroske plakatura, le teatroske programura, le teatroske kotorenge anava thaj le dulmutane thaj strejinone themeske bare anaveske poeton. Leske kirves sas pinzharde manusha, kon ande kado teatro butji kernas, pe krujimaski vuljica. O terno chasari butivar serolas, ke lesko kirvo ingerdas les pesa ando teatro, inke kana sas lo shavoro. Barikanes beshelas kothe, ande angluno rindo thaj shunelas le bare iskiritorenge vorbi. Majpalal nas les katji love te vov kinel peske le kuch biletura, ke chi resenas leske le posotjake love. Feri katji love sas les, hoj ande amatorengo teatro te zhal, de ande kado feri kontemporarni teatroske kotora denas, so butivar chi hatjarlas.

Pala o xasardo angluno lumako marimo sas o trajo ande Peshta chorro taj brigako. La monarxija opre shingerde pe cine kotora. Kade vi la ungriko krajipe phagerdilo pe efta kotora. Le manusha ande l' kadal nasul vrami pe pengo chaso dikhenas. E Chasaroski familija pale vi kade majfeder traias sar le kavera manusha. Le biletura ando teatro majleznji kerdjile. Kade o terno chasari jek kotor le teatrosko kerdjilas, sar e loli phanrunji tapeta taj sar le skamina, so sas sharade barshonjasa.

Le Gustesko kirvo taj but anda leske nanura chi traisarde perdal o marimo. Le chasareski romnji but vrama chi kerdjilas phari, thaj kana jekvar aba majna kothe sas, gelastar o cino. Nabutara inke jekvar.

Pe leske dadeski bibaxt chi kamelas lesko shavo leski butji. Kathar le chasura izdramno kerdjilas, le purane knjigengi sung kamelas anda sa pesko jilo. Majpalal le phure Chasares opre vorbisardas leski romnji te zhutil peske shaves, te shaj sitjol literatura. So rodenas love, sa le shaveske denas le, te sitjol. Vaj majfeder te phenas, pe l' drabara, pe l' draba, pe l' sastjara anda sako rig la dulmutanji monarxiaki. Rom-romnji zurales kamenas te aven len inke shavorra. Unjivar bistrenas, hoj si len aba jek shavo. Kana e dej phari pelas, o rom kerelas ek chaso anda rup, anda xarkuma vaj anda mesingo. Kadalen chi bikindas, nas bikinimaske. Kana xasajle-tar le shavora la romnjatar, akharlas peske chasura shejange. Kadal chasonge shejora sa maj but ando dilimo pizdenas les. Aba khanchi grizha chi inkrelas ka e bolta, ka e cinji fabrika kaj butji kerlas, chi ka leski romnji thaj chi ka lesko shavo.

Kana le chasareski romnji bara dukhasa njivindos ande leske vast mulas, o chasari mudardas pe. Anda jek minuta pecisajlas. Peske bishe bershenge shaveske ch' ek lil chi mukhlas palal. Feri ek cino papiroshi mukhlas pe leste, pe kado iskirime sas *E vrama mol somnakaj* – taj so maj mukhlas: O kher, so pherdo sas le *shejanca* thaj ek puranji, praxali chasongi bolta.

Kana pe kado djes o Gusti nakhlas pasha le dadeski dulmutani bolta, ek gazhi kerdas leske peske vastenca semnura. Lako rom bikinelas groboske barra. E bolta zhalas mishto. O angluno barr le terne Chasareske bikindasas. E gravura bilovengo kerdasas leske phurenge. Pharo bersh sas kado. De kathar o bersh 1929 le mule katji sas, sar anda cheri te pernas tele, unjivar inke vi pe kruljalimaski vuljica, vorta angla pesko boltako vudar. Le vuljici andre sharadas o jiv. Le fiakerashura izdranas penge grastenca po drom, la vuljicake shilavara dabe zhanenas te lopatolin o jiv. Kasavi sung sas, so feri jivende shaj hatjarlas o manush. Nas sung katar nevi peki makoski guglimata, hanem e sung katar merimasko shil.

Kado djes kodo pecisajlas, kathar o terno chasari zurales daralas. Chi reslas pe vrama. Kado naj dosta, lindraleske thaj melaleske hatjarlas pes. Sar andre das ando kavehazo, maladas les o tato, so anda kolco katar ek hirbunosko bov avlas. Opre kecosardas pesko zubuno thaj o kolopo mukhlas pe garderobako than. Kana aba pe mesalja dikhlas mucosajlas. P'ek mesalja p'ek cino papiroshi iskirime sas, hoj kado le Chasareske opre inkerdo-j. Sas inke pej meselja ek cino charo pala thuvalengo zharo. Kodo aba pherdo sas thuvalenge agorenca. O pinceri andas ek kaveva. Thudesko nuvero so trubul pasha e kaveva nas, de ek cino lilorro p'ek rupuni talca. O impresario mukhlo sas les kothe.

>
> Le raj Chasareske!
> Aba ek taj dopash chaso azhukarav pe tute. Anda tji khancheski traba, kaj chi avilan pe vrama, kade gindisarav, hoj na inkres pe mure butji grizha. Pala kadi me chi kamav tusa te kerav khanchi. Mangav tut, hoj majbut na rode ma, anda tje teatroske kotora.
> Ash Devlesa thaj bara baxtasa,
> Kálváriás Ferenc

O impresario chi datumo chi than chi iskirindas telal po lil. O Gusti jekvar thaj pale jekvar ginadas o lil. Ande lesko shero pale butji kernas leske dadeske chasonge cine rovlja, save aba ando foro bute manushende pesko than rakhle. Aba trin shon si, hoj zumadas te vorbil ekhe teatroske producerosa – pala pesko teatrosko kotor – thaj majpalal ando *Széchényi* pe naimasko than maladjilas lesa, kote feri chi na vorbisarde pa lesko teatrosko kotor. Tranda pengövura mukhlas kothe thaj phare jilesa shutas o lil ande posotji. Bi vorbako mukhlas o kavehazo, kasavo sigo, sar avilas. Pharo sas lesko dji, kade pharo sar le xarkumasko chaso, so ande lesko kher azhukarlas les, opral po vudar. Kade dikhlas avri, sar kas akanak mukhlas leski baxt. Lokes zhalas. Pe la vuljicako jek kolco tordjilas, thaj opre phabardas peske ek tuvalji peska dake djujtovosa, le dupontosa.

More! – Shunel ek glaso anda ek kaver trushuleski vuljica. O Gusti boldas pe. Ek phuri romnji ande buxlji lungo coxa, pe lako shero dikhlo, buzhangle asajimasa dikhelas pe leste. Ande lako vast luludja sas. Sas la zeleni jakha, laki faca borchome. Ande lake kan somnakune zlaga, sar le kariki. *Zhanes romanes?* – pushlas pe romani shib. Kado azbalas le terne Chasares, hoj pe romani shib pushel les, pe shib leske dadeski. Chi das anglal, zavarime sas – *Sar pinzhardas les opre, ke Rom-i?* Ande pesko intrego trajo but shutas, vov te na avel jek anda lende thaj zhi pe kadi vrama, khonjik chi pushlas lestar kasavo. Sama las, sar leski thuvalji pa lesko vast ando jiv perel. *No dikh kathe pe mande! Sostar si tu tje jakha? Te o sapuj azbal le? Zhanes romanes?* – pushlas inke jekvar, ba vo feri dikhlas pre la taj ashilas. *Na zhanav* – phendas avri po agor, skurtone vorbenca, so ande leski godji avile. E romnji zurales bari asajlas thaj o asajimo ando xasalimo gelas perdal. Avri phendas pes. E zhuvlji majpashe avilas, opre cirdas peske princhanja thaj opre vazdas peski falka. *Kasko san?* – pushlas les pala leske dadesko anav. Daba hatjarlas le vorbi, ba pale uzhes. Lesko dad chi mukhlas te sitjol e romanji shib, sar e Maria Terezia taj lako raklo, o Josef II., kon chi mukhle te sitjol pe e romani shib.

O Chasari – dindarelas e vorba. *Chasari* – phenlas vi e romnji lokes, sane glasosa, taj cirdelas e vorba. *Eke chachoresko shavo san, thaj vi kade mukhlan e vrama?* – Po agor asandas thaj pale xasandas. Le Gusteske sham vi lazhatar taj vi xoljatar lolile. Shaj ke pala leste avilas? *Te na tasadjos mange ande baro asajimo* – phendas prasamasa. E romnji feri sheresa kerdas thaj avri cirdas ek chokro luludja. Pahome sas. *E sunto Maria te aldij tu selduj vastenca, muro drago shavo, kin mandar luludja, xav tjo jiloro. Muro rom chorro, nasvalo-j. Trubul te lav leske draba, te na merel mange* – phenlas thaj delas karin leste le luludja. *Xoxaves* – del palpale e vorba – *Ba v' o chachimo te phenes, kaj le tje shavora? Save bijileske shavora shaj si kodola, kon mukhen penga phura thaj slabona deja pej vuljica ande kasavo shil?* Le vastenca kerelas thaj le luludjanca taj opre cirdas pesko opruno vusht – *Le sama pe tute mo! Naj ma vrama hoj me te shunav sar keres tji bijakhengi traba. E vrama mol somnakaj! Te na perel pe tjo shero, chasarona! Na te del o Del!* – imbisarel le sheresa. O Gusti boldas pe thaj mukhlas la kothe. Lake jakha hatjarlas pe peski kor. Inke shunlas ke variso phenel ande peste thaj anda jek chungardel ando jiv.

Lesko kheresko vudar bare bashaimasa phandadjilas andre. Opre vazdas e lampa. E anglunji soba maumno thaj pachaki-j. Opre kecisardas pesko zubuno. Le impresariosko lil avri pelas, anda leski posotji, pe parketa. Tele bandjilas te lel les opre, thaj le chasura ande lesko shero pale line te phirkeren. Vov pharadas o lil. Pasha vudar tordjilas, leske jakha ando khanchi dikhenas. Ande le shora shutas peske naja, las les ek bari xolji, ando zido maladas sa zurales la burnjikasa. O xarkuno chaso tele pelas pa pesko than, vorta angla leste pelas tele, duj najenca kathar lesko muj, ande phuv das. E phuri romnji avilas ande leski godji, sar chungarel ando jiv. O chaso andel kotora pashljolas pe phuv, pasha leske punre. Sar so kamlas kethane te kidel le cine kotororra, sama las somnakune love, so ando chaso azhukarnas pe l' majnasul vrami. Katji love dulmut chi inkerdas aba ande peske vast. Opre dikhlas pe peske dadesko patreto ande soba, kon kade dikhelas pe leste thaj maladas te asal. Atunchi pe l' kaver chasura gindisardas. O rupuno taj xarkuno chaso zurales lezno bikindasas. Aba zhanglas anda jek hoj peske phenjan trubul te rodel, te na kamel o kher te xasarel. Kon zhanel so shaj si garado ande lengo per? Ba kaj te zhal anglunes? Jekvarsa o xarkuno chaso las pe pej phuv, taj las te phirel, kade hoj ande lesko shero aba chi shunelas le chasongo glaso.

Jek thaj dopash bersh nachilas. Le somnakune love anda chaso aba getondas. Na but zhene mangenas les opre. O Gusti po shezlono pashljolas, thaj ginavlas pesko teatrosko kotor, so akanak shude palpale. Ek thuvalji phabolas mashkar lesko dujto thaj trito naj, ande lesko chacho vast, ande savo le papirosha inkerlas. Varikon maladas po vudar. Opre beshlas, tele shutas pesko manuskripto anda pesko vast, cirdas jekhvar anda e thuvalji thaj tasadas pala kodolaki jag. Andre shutas pesko gad ande kalca thaj sidjardas ka o vudar. *Ova. Kon-i?* – pushlas le tradares, kon angla leste po gango tordjilas. *Ek telegramo avilas le Chasari Gusteske* – phendas.

Nais – phendas o Gusti, las o telegramo thaj avri cirdas ek lov anda peski posotji. O vudar phandadjilas thaj avri phuterdas e kuverta.

ÖSTERR. POST– UND TELEGRAPHENVERWALTUNG
EMIL BOROCHOV
BLECHTURMGASSE 7 WIEN 4

EK TEATROSKI PRODUKCIJA ANDO VOLKSTHEATER RODEL UNGRICKONE ISKIRITORES. AV-TAR SO MAJ SIGO. AZHUKARAV TU ANDO BECHI ANDE MURO KHER, VUDAR NR. 3. TE TRUBULA TU ZHUTIMO MAR SIGO TELEFONO – CAFE REINHAUSER 126645.

O telegramo avilas kathar ek impresariovo, kon le phure Chasaresko pinzhardo sas. O Gusti inke sitjimasko shavo sas, kana kado ando foro Bechi emigririsardas. Lesko anav sas Emil Borochov. Pala kodi chi shundas lestar khanchi. Vo mucisajlas. Kana pe peste avilas, tele las pa shifonjeri o koferi thaj shutas ande les sogodi. Lesko baxtalo drom sar teatrosko iskiritori mek teljarel kathar e *Keleti* stacija. Vo sidjarlas karing e kasa thaj kindas peske kothe jek bileto zh' ando Bechi.

Sas les inke hajkam dopash chaso. Vov tordjilas ka o opruno vudar katar e stacija, pasha pe shutas peski dromeski trasta, ande lesko vast e majpalunji phabuvalji, savi kamlas te shudel la inke pe peshtaki jarda. Pasha leste tordjilas ek zurales shukar zhuvlji. Pe late nercosko morchako zubuno, lungo coxa, somnakune karikake zlaga, ek morchaki trasta. Laki shuk vorta devlikani sas.

Chumidav tje vasta. Zhanesas te phenes mande sode chasura-j? – pushlas, de zhanglas aba sode chasura-j, ke tela le foroko majbaro chaso tordjonas. *Tela deshe minucende avla trin –* phendas voj thaj sikadas pe pesko vastesko chaso. O iskirime „C" pe lako chaso pinzhardo sas leske. *Kaj kindan o chaso?* – pushlas. *Sar?* – Pushlas palpale e zhuvlji. *O chaso. Kaj kindan o chaso?* – Opre cirdas peske princhanja. *Ande jek zalaghazo. Ande Liliom vuljica.* Vov las te asal – *Kado chaso muro dad o Chasari kerdas. Mure dadesko sas*. Voj cirdas pesko vast lestar – *Tjo dad chasari sas?* Le sheresa sikadas ova. *Eke chasaresko shavo* – phenlas e romnji pe romani shib. O Gusti dikhlas pe late zavarime, pala kodo pe lako chaso dikhlas, haj sama las ke tordjilas. O baro chaso opral pe lengo shero trin chasura sikavlas. O vonato bilesko gelas-tar ando Bechi. Ande pesko trajo pe trito var chi reslas vov pe vrama. E romnji kushkerlas, thaj pej phuv chungardelas. *Muro vonato* – mishkisardas voj pesko shero. *Vi tu ando Bechi kamlan te zhas?* – pushlas o mursh. E zhuvlji anda shero mishkindas. O Gusti shudas peski thuvalji tele pe jarda thaj pale opre phabardas jek aver – *Kado sas o paluno vonato adjes ando Bechi. Akak trubul te zhukaras zhi tehara. Pesas manca ek kaveva? Kade dichol, opre resasa selduj zhene.*

O Chasari Gusti shoha chi reslas zh' ando Bechi. Romnjake las kodola zhuvlja, kon ande legmajlashi minuta tordjardas e vrama. O Emil Borochov mukhlas o foro Bechi ek dopash bersh palal. Pale kerdas emigracija, ba akanak na vov kamlas, ingerde les zorasa ande Poljska, and' ek butjako lageri. Phare vrami azhukarnas pe l' manusha, sar so si o Borochov thaj o Chasari. Vi anda ungriko them ingerde bute Romen, haj feri cerra zhene avnas palpale. Ba le majbute Romen anda Peshta palal ingerdine, hoj majbut Roma perdal traisarde o mudaripe. Te gelinon o Chasari Gusti atunchi ando Bechi taj te maladjilon le impresariosa, atunchi tela unji kurken vaj shonen vi vo agorisajlon ande varisavo njamcicko vaj poljskako lageri. Pe la Peshtaki kruljalini vuljica le Chasari Gustesko trajo zhalas majdur, vi pala o baro lumako maripe. La Peshtake manusha zhika la vramako agor shaj dikhen e vrama pe leske dadeske chasura.

O drabarimo
Mágó Károly

Lokes zhalas o buso karing o gav so busholas Sáránd. O
jiv andre sharadas o drom, anda kodi o buso feri lokes zhanlas te
zhal. Ek koppanashi shundjilas. Sakon kothe dikhlas po buso, maj
sakon vi palpale bolde pengo shero. Savora kodi gindisarde ande
pende, hoj naj khanchi bajo, numa ek romnji maladas pesko shero
pe le busoski feljastra.

Sarikam! Ushtji! Kathe sam je-duj! – phendas lake ek gazhi
thaj thuvaljasa imbisardas la. Inke trubulas la ek cerra vrama, opre te
ushtjel thaj te zhanel hoj opre si aba vaj sovel inke. Ande laki godji
avilas o huppanashi thaj voj serosardas, hoj kadi sas e majpaluni xiv
po drom, so ando gav ingrel. O tradari chi zhanglas chi akanak avri
te krujil la. Zor taj sila, gindisardas ande peste. Opre phabardas jekh
thuvjali. E gazhi kon pasha late beshelas aba sa karing late vorbilas:
Pa pesko nasvalo rom, pa peske phuva, so chi anen dosta xamasko,
pa peske phure thaj nasvale gurumnja taj bale ande peski ishtalova,
pa pesko chorrimo. Le vorbi resle lako kan, ba chi hatjardas sako falo.
Laki godji pe kavere thanende phirlas. Ek kila gilchi mukhlas khere
le shavorenge thaj hajkam bish deka thuvalo mas. *Zhikaj ratji trubul
te kidav kethane variso, ke naj dosta o xamasko, na chaljona kathar
katji!* – gindisardas. *Le shejange mukhlom so sa. E Erzhi aba bari-j,
deshujekh bershengi-j, voj zhanel te shol taj te tatjarel o xaben po bov,
e inja bershengi Luludji sama lel pej cini. Feri o shavo, o Gjuri, te na
avlas kasavo brigako. Si lesa variso, so chi phenel, aba majbut djesa
bivorbako-j. E majbari shej pe jek majmishto kiravel* – lashardas voj
pesko dji ande peste – *so jekfar sikavav lake, voj aba zhanel sar trubul
te kerel. Lengo dad vi kade zhikaj ratji ande-j kirchima. O Gjurika anda
e zumi xala o mas thaj vi le shejange ashon gilchi. Thaj zhi kaj ratji...*

Lake duj vuneci jakha tela jek minuta boldas thaj kothe
inkrelas peski godji hoj so phenel e gazhi pasha late. Vi voj sama las

pe peste o boldjimo, asajlas ek cerra, cirdas pesko vast pe l' romnjako trupo lokes, thaj phendas lake – *Maj dikhesa Rozika. Ratjasa maj respisarav pe l' malja le bala so dan. Tumare bale deshuduj cine baljishen dena. Dikhesa!*

Kade-j gindis, Sarikam!? – Baro dji cirdas e gazhi thaj panzh rupune shutas ande la Sarikaki posotji. Pala kodi e Sarika kade phendas, te na xoljajvel e gazhi, trubul te rudjil kaj o sunto Del ek cerra thaj kodolasa boldas pe kaj e feljastra kethane khuvde vastenca. Vi kodola zhene, kon dikhenas len, chi line sama, sar po chacho vast, pe mashkarutni najeski vundja thav chavarij. Pala lashe desh minutura tele huljile pa o buso, so pe kadi vrama pherdo sas thuvaljake thuvesa thaj khandimasa, so le manusha mukhenas pala pende. Le manusha, sar tele huljile, andre phandade kochakenca pengo zubuno, pengi stadji ando chikat cirde, kade hoj dabi dikhenas avri tela late. Jek e Sarika nas khera pe punre, hanem feri milajeske papuchi, nas la chi jivendesko zubuno, feri ek sano zubunorro sas la taj lako shero ek sano dikhlo sharavlas. *Sa sajek-i. Si pe mande ek baro aldashi kathar o Del* – phendas, kana dikhlas hoj e Rozi dikhel lake sane gada – *Shoha naj mange shil!* – phendas thaj zumadas te garavel pesko shilesko izdraimo. Voj gelas la phura gazhasa zhika lako kher, atunchi las pesko drom karing e kirchima. Kathar o shil lako muj borcholime sas. Kana pushnas latar sode bershengi-j, po pushipe delas anglal la vorbasa – *No, so gindis?* Sa kade angle denas e manusha, *panzh-var-desh*, thaj voj gindilas ande peste – *Mishto-j. Ekha phura romnjake maj but patjan le gazhe.* Le shingale rodena ekha panzh-var-deshe bershengirja Sarika, de voj ando chachimo e Ilonka-j, kon chi nachilas inke tranda-thaj-shov bershorra. O chachimo kodo sas, hoj shukar sas laki faca, ba avri beshlas pe late o pharo trajo. Ive Devleske sas shukar lako nakh, nashtig bistrel kon pe late dikhel, hoj anglal ando muj feri jek-duj danda si la. Sa kado phurjardas la majbut.

E kirchima khandelas pe lezno moljaki sung. Voj beshlas pasha la jagako than thaj manglas peske thaj la phura zhuvljake, kon pasha late beshlas, po jek retjija – *Te del o Del bax taj sastimo!*

Devla! De dulmut chi dikhlom tu Sariko, amalino! – Opre xutelas kodi. *Che mishto-j hoj kathe rakhav tut Julikam* – phenel kaki thaj del la angalji. Sar tele beshlas, avri cirdas peske pahome punre anda l' papuchi thaj pasha la jagako than shutas le. *Sostar ch' avilan but bersha amende, Sarikam?* – pushlas e zhuvlji – *Katji bajura-j kathe, kathe trubusardanas te aves. Shun chak, la Manjikaki shej, e cini Manjika...* – krujal dikhlas te na shunel len varikon thaj majdur – *akanik chi kamel te lel la kado tisto, kadi bari ketana. E shej diljajvel brigatar. Aratji ande la khere anda e shpita. Ek shon sas aba kothe, khonjik chi gindisardas, hoj khere mukhena la. Akanak khere si, ba sorro djes angla e feljastra beshel thaj dikhel avri. Sar te azhukarelas ... zhanes kas?*

Zhanav Julikam, zhanav! Haj e Borishka sar-i voj? – pushlas e romni.

De, sar te avel? Desar mulas lako rom shov bersha nakhle thaj sa korkorri trajil peske taj chi na del duma. Ba te avilon len ek shavoro... thaj... – sar unji minutenca anglunes pale kodi koreografia kheldas pe tele e gazhi, kaski morchi kasavi sas, sar la moljake luludja, krujal dikhlas thaj lokes phendas majdur – *Zhanes Sarikam, choral maladjol voj le njeve rashajesa. Na dulmut dikhlom les, sar avri avel anda e cini koliba. Kana man dikhlas, glasosa phendas la Borishkake hoj akanak naj les vrama te dikhel le kheresko tetevo, ba maj palal palpale avela. Chi me ch' avilom le 6.20-eske vonatosa, de zhanav, so zhanav. Chachimo-j, kade vorbin pa leste hoj lashe-j leske vasta, ba na ka le khera. Sar vi kadi zhanav* – voj vazdas opre o shero – *hoj le Bugacesko shavo zurales pel. Ek dej...* – voj vazdas opre peski taxtaj thaj pilas tele e retjija – *tala jek dejaki coxa sakofalo resel, ba chi voj chi zhanel but vrama te inkrel so inke chi zhanen le manusha.* Aba akanak chingardelas e gazhi. Kathar e retjija tromanji kerdjilas. *Zhanes Sarikam, kathe aba khanchi naj so dulmut sas* – phenlas brigasa ando glaso – *tu san e jekh, kon kana dikhel ma akharel ma pe jek pimo. Le majbut zhene patjiv den ma, ke muro dad sas le gavesko angluno manush thaj vi phenen mange sogodi, ke me somas ande kodi vrama lengi sitjarica, ba te akharen ma, te mangen mange jek pimo, kodo aba na.*

131

Pala kadi, inke ek fertal chaso vorbilas sa pa peske gindura. Sar dukhan lake punre thaj lako mashkar thaj ando sako kurko avri zhal ka e murmunca ka peske phure thaj dosh sas dulmut, hoj chi gelas romeste, ka kodo vonjiko mesaljari, feri anda kodi, ke nas kasavo sitjardo manush sar voj. Kadal trabi aba chi fajonas la Ilonka. Anda kodi feri katji vrama ashilas, zhikaj shutjile lake papuchi. Pala kodi potjindas kodol panzhe rupunenca, so po buso xutjildas. Pala kodi pe selduj riga chumidas la zhuvlja thaj gelas-tar.

Voj pale sunujas la zhuvlja, kon sitjarica sas, ba vi pharimo hatjarlas karing late. *Korkorri-j ande bari luma. Chi phral, chi shavoro naj la, phari traba-j* – Sar kade gindisardas, vi reslas kothe kaj kamlas, ka Manjikako kher. Ek hajkam kasavi phuri romnji sar voj, shudelas o jiv pej vuljica bangjarde dumosa. Sar te hatjardon hoj voj kothe-j, boldas pe e phuri karing late. *Sárikam! Dragone!* – phenlas, asvenca ande l' jakha thaj peradas anda pesko vast la jivaki lopata – *Che mishto-j hoj kathe san! Zhanglan hoj trubus ma!*

Zhanglom! – das voj e vorba palpale thaj kaj daralas kathar le shingale thaj vi lako dji kathar o shil izdralas, sikavlas le jakhenca, hoj te zhan andre. E zhuvlji hatjardas sa anda jek, ekhe mishkimasa phandadas le do zhuklen, ingerdas la ande konjha thaj phandadas o vudar pala pende.

Na phen khanchi! – phenel e Ilonka – *Ekh shon aba, hoj chi sovav! Aba avlomas, ba panzh kurke anglal mulas muro dad.*

Tu chorre! – Cipindas e Manjika – *But briga shaj sas tu.*

E Ilonka siklji sas hoj pe pesko dad te colaxarel. Le majbut roma pe penge shavora colaxaren, v' atunchi kana chi phenen o chachimo. E Ilonka kade gindisardas, hoj majfeder-i pe pesko dad te colaxarel, kas ande pesko trajo feri duvar dikhlas. Hoj lako dad trajilas, vaj na, chi zhanglas.

Zhanav so pecisajlas! Feri unji djesa som ande pacha, desar hatjardom, hoj e shej khere-j. Naj inke muro intrego dji uzho, ba aba majmishto-j.

Sar? – pushlas e zhuvlji thaj ande lake jakha ek loshaki jag las te phabol. *Anglunes dikh perdal o kher, kathar e pinca zhika o podo* – mothol e romni – *So rakhesa thuvardo mas, kide les kethane. Aba but djesa balen dikhav ande mure sune thaj ek chorre koljibako horno. Kado anel pe tumende bibaxt. Kadala inke adjes ingrav, dur, andej pustija.*

Muri drago Sarikam! – phenel e Manji thaj chumidkerel lake vasta – *Inger kathar sakofalo, so nasulimo shaj anel pe amende. Thaj phen-ta sode te dav tu. So si ma, sakofalo tjiro-j. Numa mura shake te avel mishto.*

Drago muri Manjika! – phendas e Ilonka taj tele beshelas pasha la jagako than. Ando kher butivar majtato sas, sar avral, pej vuljica tela unji minuti kade perdal pahosajlas, hoj zhi akak izdralas. *Tu zhanes, hoj shoha chi mangos tutar khanchi. Amen meg-i sakofalo* – xoxadas kade, hoj chi le jakhengi princhanja chi mishkisardas. *Shukar duje etazhongo kher, zurale alatura ande ishtalova* – Sar kadala vorbi mukhle lako muj, zurales musaj sas te dindarel peske vusht, hoj te na asal. Angla lake jakha kerdjilas lengi chorrivanji koljiba, thaj o Fidi, lengo shuko taj zhuvalo zhukelorro.

Me nashtig mukhav tu shushe vastenca. Muro shavo chi las kodola chorra kurva, ke tu, nais Devleske, zhutisardan pre ame. Kadi shoha chi bistro. V' atunchi phendom tuke, hoj na hunav o somnakuno lanco, so dom tut, majfeder avilon, te inkerdanas les. Zurales but molas. Tu so zhutisardan pre mande shoha nastig te potjinav tuke. Zhikaj me kethane kidav so trubul, tu xa – phendas kadalasa pale e Ilonka unzolas pala bari roj. De E Ilonka xutjildas la vastestar dikhlas ande lake jakha thaj phenel – *Ch' ek falato chi nashtig nakhavav tele. Sar kathe avlom ande jek charda pherde shaxa xalom. Zurales sas ma voja pala lende* – meg chorral peske jakhenca pe tati fusujengi zumi dikhelas. Baro lufto cirdas anda e lashi sung, so la suntinako shuklimo kerdas thaj phenel – *Zha thaj ker, so phendom! Kodo kam slobodisarela tu kathar e arman. Trubul inke bute kavere manushenge te zhutij ando gav. Tu kide kethane sogodi thaj anav pe stacija zhi ka l' shtar chasura. Ba khanjikas, chi ek vorba na phen! Kongodi inke zhanel pa amare butja, perdal hurana pe leste le armaja.*

Aldij tu o sunto Delorro! – cipindas e Manji pala e Ilonka, sar kadi pa vudar avri das. Aba so gelas-tar duj-trin pasura, reslas la e Manji. *Te majbut chi kamesa, le barem kadala love* – thaj ande lako vast pizdas panzh-var-desh rupune. *Tuke dav, le shavorenge tradav!* – shutas e vorba pashal, thaj palpale sidjarlas ando kher, zhikaj khere te na avel o gazho, te na lel sama khanchi.

O drom sa pahome sas. Ande l' sane papuchi kaj sas, chi ingrenas la le punre. Kade zhalas, sar zalime. Vi kade perlas thaj sa chikalji kerdjilas. Zhi kaj chi reslas o kaver than, sa le fusujengi zumi anda la Manjijaki konjha phirlas ande laki godji. Aba o intrego djes chi xalas khanchi.

Kana dikhlas le Borishkako shukar zeleno kher, pe kodo gindisardas, hoj o rashaj na feri pej Borishka kerel butji, butjarno manush-i. Pe kado las la ek asajimo. Voj ashadas ande peste o asajimo, ke shundas hoj avel varikon. O jiv pale delas, haj lake inke vi le princhanja sa paji kerdjile. Chi dikhlas mishto la Borishka, dikhelas la sar jek ushalin. Zhanglas aba, hoj voj si. Pa e Boriska nashtig phenenas, hoj thuli-j. Baro sas lako trupo, ba mishto mezilas. Lako jek punro avri shutas ek kavera romnjake duj punre. Vi le kuja. Pe kodola chi chiken, feri murshikane musi. *Inke vi akanak shukar zhuvli-j* – gindisardas e Ilonka. Kadalasa le majbut mursha chi na hatjardinenas pe jek, Boriska kade gindisardas, te ek zhuvlji naj shuki, pe kodi dichol, hoj mishto trajil, thaj sar te si, kadi simpatikusho-j.

Muri Ilonka! Tu kade, ande cino zubuno taj pe milajeske papuchi san? – pushlas e Borishka, kana dosta pashe sas. *Zhanes, kathar me avav, kothe zurales tato-j* – das voj palpale e vorba. Inke chi mukhlas voj pesko them o Ungro chi jekvar, ba jekhvar aba shundas hoj si ande luma kasave riga, kaj sada-jek pekel o kham. Kade ande late ashilas, hoj butivar phenlas. E Borishka sigo patjalas, so shunelas. Voj patjalas le manushenge, e Ilonka inke chi reslas la opre pe ek xoxaimo. *No, anda kodi numa av andre! Kathe amende ando Sáránd zurales shil-i* – Sar dine andre, sigo nashlas ka o shifoneri taj unzolas palaj teaki piri. De nas la kana avri te lel la.

Ek kali muca nashlas perdal pe avljin, le suluma kade pe lako dumo, sar te avnas kukurizoske gada pe late. Sar boldisardom ma, ande amaro parno grast tji faca dikhlom. Me zhanglom hoj tu man trubus ma! – Pe la Ilonkake zurale vorbi e phivlji zhuvlji po cino skamin das pe tele, sar te mulinon. *O kamimo sakoneste phirel* – phenel majdur e Ilonka – *Tjo gazho but bersh palpale mulas, kothar inke chi jek chi avilas palpale. Te kamesa le rashas, atunchi av baxtalji lesa!* – Sar kadi avri phendas, ek kotor thav las anglal, thaj ande la romnjako vast shutas les. *Phandav pe leste ek kombo!* – shugutijas lake ando kan. E Boriska bivorbako patjandas lako muj. O thav, so palpale xutjildas tela pesko mashkarutno naj shutas. *Serav kodola dulmutune vrami, kana anos tje gazheske sastjarimaske draba, te avel jerto le suntone Devlestar, kothe beshesas pasha leste thaj lesko chikat ekhe dikhlesa khosesas. Sa kade dikhav tu angla mande. Tu kerdan sakofalo, so shaj azhukarel pe kathar ek gazhi* – Sar kadala vorbi mukhle lako muj, tela pesko dujto naj ek thav cirdas anglal. Kodo sas o thav, so inke po buso shutas kothe thaj nas pe leste kombo. Eke teatralnone mishkimasa avri cirdas o thav le do agorendar thaj phenel – *Dikhes, sar kado kombo naj maj but po thav, thaj o thav shukar vorta-j, kade avla vi tjiro trajo vorta. Akak le aminti so phenv tuke. Tjiro kher armandino si! Tjo gazho zurales faino manush sas, ba mukhlas pe tute kadi arman. De chi xoljajvel pe tute. E prikezhija tele trubul te lav pa tute. Akanak zha avri, ka le khanjhi thaj an andre sa le kale kanjhen so shaj rakhes. Uzhar len thaj ka l' shtar chasura trade len po alomashi.* Kade phenlas thaj kodolasa gelas avri anda kher.

O jiv sa zuales delas thaj katar o baro shil chi na biljalas, ashilas, capenisajlas thaj basholas tela le manushenge punre. Sar reslas ka la Terezako kher sikadjilas lake ek shingalo. Ande lake vuni pahosajlas o rat. Ek vorba chi avilas perdal pa lako muj, kana pe late chingardas – *So rodes tu kathe ciganka? Na numa pe gaveske alatura dukhal tjo dand? No zha-tar tuke kathar so maj sigo! Te na maj dikhav tu katka!*

Maj tu zhasa, te zhanla muro gazho hoj tu kadala somnakunja pinzharda manushnjasa kade vorbis! – phenelas peske thule capenone hangosa e Terez, kon vorta das avri anda pesko kher. *Jertisar, bochanato mangav, na xoljajvi pe mande manushnio! Me kodi gindisardom...*

Tu khanchi na gindisar – ashadas les e zhuvlji thaj xutjildas la Ilonka, kon morcosajlas, kujatar taj ingerdas la andre, ande pesko kher. *No dikhes muri shej* – phendas e Terez – *vi kodoles si anglimo, te le manusheski shej ka le gavesko anglune manusheste zhal romnjake, vi te naj but.*

Sar ando kher reslas, kasavo specialno tecejengo xumer kiralesa shutas angla late, so zurales fajno sas. Vi kathe kade kamlas te xoxavel, sar anglunes, te na xal, ba kathe aba ive sas. E Terez chi mukhlas. *Shejo, xa aba, maj palal phenesa sostar avilan!* – Kana aba e Ilonka xalas o xumer, tele las pa pesko shero o dikhlo, so perdal kindjilas. Kasavo fajno sas o xaben, hoj chi na las sama, hoj o jiv, so biljajlas, ande lake jakha pitjal. Asandos dikhelas e Terez la Ilonka. *Te muro dad kothe dinon ma ka kodo vonjiko romano lavutari, akanak kasavi shukar barnavo shej avlas ma sar tu. De leske ek Rom nas drago* – phenlas thaj kaj o shifoneri gelas hoj duj kotora panzh-var-deshenge te lel avri. *Zha-tar!* – phenlas karing e Ilonka – *O Jóska daral kathar muro gazho, ba o njevo shingalo na. Te vov sama lel, hoj o gav phires, chi birij te muntusarav tu. Rudjisar le Devles pala muro shavo, hajkam zhutila* – thaj kodolasa avri shutas la romnja. *Le love de le Gjurikaske kothe! Kol shavorestar jekvar jek lasho, patjivalo rom te avel.*

E Ilonka pala shov chasura huljilas tele pa o buso. Po alomashi das eke rakles duj rupune, kon le thuvarde masa thaj le oxto pujon opre shutas po vurdon, te anel le late khere. Opre pasha o shavo avilon inke than, ba te mukhelas la pasha peste te beshel, kodi chi ande leski godji chi avilas. Le duj rupune mishto avile le shaveske, ba o gav te marel muj lestar anda jek romnji kodi aba chi kamelas. Pe le gavesko mashkar, ande kirchima, inke avri potjindas lake romeske unzhulimata. *Katar te potjinel peske pimata kodo khandino, khanchesko manush?!* – gindisardas ande peste.

Bish minutura palal boldas pe ande pengi vuljica. Sar reslas andre andej cini koljiba, chi sosko hango chi shundjilas. Vaj majfeder te phenas, jeg bashamo shundjilas, sar kana xan manusha xabe. Le romesko, le shejango taj le shavesko muj pherdo sas goja taj shonki. *Zhukaren!* – phenel voj kasave glasosa te sako zhanel, hoj shaj xan majdur. *Pekav tumenge bokolji.* Meg o aro le pajesa taj shonkake kotorenca xamisardas, avilas lako rom choral pasha late. *Naj khanjikas kasavi romnji sar man* – phendas.

More, na ker tje fogasha manca! Gindis, hoj chi zhanav, ke pale unzhule manglan ande kirchima? – das palpale e romnji.

O Del te marel man, naj khanchi so avri trubul te potjinav – phenel le kale balesko ucho manush – *Muri somnakuni romni avri potjindas sa mure unzhulimata. Vaj na?* Anda le zubunoski posotji avri cirdas jek cigni kangli taj duvar-trivar huladas peske bala karing e korr. Pala kodo maladas kethane peske khera thaj las te djilabel peske taxome hangosa, anglunes lokes, pala kodi sa maj sigo:

> *Ande mande e mol but-i,*
> *aj darav hoj vi chikorgij!*
> *Na trubul ma retjija*
> *mure love an-ta ma!*

Retjija! Kade thaj kade t'avel tuke – phendas e romnji, ba peski lashi voja na zhanglas te garuvel, peske vushta chi zhanglas kethane te phandavel. Lako rom, sar giljabelas taxome taj thule hangosa, xutjildas le shavorenge vasta la thaj kethane khelenas krujal pa pengi dej.

Pala jek chaso sa le zhene chajlile, dosta mulatinde, le sheja gele te soven. E dej lashardas le suluma ande lengo pato. Peske shavesko than inke chi kerdas. Voj chumidas shejan po chikat, taj katar la jagago than avri cirdas ek glazha mol. *Te xal tut e pustija, sar rodom kadi molorri thaj chi rakhlom la* – cipil lako rom thaj las te kushkerel – *Zhanglom ke varikaj kathe garadan jeg glazha. Kajgodi rodom taj khanchi chi raklom.* O rom pale cirdel avri peski kanglji, hulavel pe, ba le khera na tromalas kethane te malavel. E romnji pala o shavo unzolas. *Av-tar kathe Gjurikam!* – phenel lako rom, meg e Ilonka trin taxtaja angla lende shol. Kaver data sa kushkerelas le romes, te le shaves pimasa imbisarelas, ba adjes na eke shavesa, hanem eke murshesa kamlas te vorbil.

No akanak phen mange so azbal tjo dji! – phenel e romnji, sar kon chi mukhel te na avel avri o chachimo.

O shavo nakhadas jek korco anda pimo. Nas kadi angluni data so mol sas ande lesko vast, ba kadi mol majzuralji shaj sas, ke phares cirdas o lufto. Pala kodi so baro lufto cirdas kade phendas – *Dale, muri dej! Zhavtar mange andej Debrecina! Ando kolegiumo besho! Opre line ma ando gimnaziumo.* E Ilonka chi zhanglas vaj te asal, vaj te rovel. Lako rom opre xuklas, bare elanosa, pe selduj punre jekvarsa thaj aba hulavelas pe. Kethane maladas le khera thaj khelelas:

> *Muro jilo losharel,*
> *kana Devla duma del,*
> *le vastenca sikhavel,*
> *shukar san tu muro shavo,*
> *tu san muro putjaripo,*
> *chumidav tjo jiloro.*

La majphura sha tradas ande kirchima pala dopash litero retjija, thaj nashelas pej vulica taj chingarlas – *Romale! Aven keren e voja manca, muro shavo doktori avla!*

E Ilonka beshlas majdur ando skamin bi vorbako. *Te feri ek cerra maladomas pe muri mami, kon chaches zhanglas te drabarel, shaj dikhlomas sa maj anglunes* – gindisardas.

O slobodimasko lil

Samuel Mago

Jivend si. O brishind del. Ek baro kalo vonato ingrel le manushen. Kon chi resel andre ando vonato, opre po vonato kerel pesko drom. Na o brishind kikidelas lengo dji, hajkam opral pe lengo shero huralo, savo na manushen phiravel, kerel bari dar pasha le manusha. E Peshta aba bombazisarde, akanak zhan karing o istoko. But zhene chi zhanenas kaj te zhan. Phenenas, hoj rusicka ketani bombazisarde tele le stacii. E familija Berki kade gindisardas, hoj inke adjes kaj pengi lala, kaj e lala Babetta sovena ando gav Nagykalló.

Tunjariko sas kana o vonato tordjilas. E mami po alomashi kothe das pesko somnakuno vastesko lanco, te ingren len vurdonesa anda Debrecina, kaj tordjile, zhi kaj Nagykalló. E familija kade dikhlas avri, sar te phirenas po bijav. Pe l' shtar shavora shukar tramci sas. Duj lancura ande korri thaj pe lenge cine naja angrushtja. Pe mami haj pe dej, anda nercoski morchako zubuno sas, telal inke ek zubuno, thaj rajkano kantushi, so feri bara ratjasa len opre le raja. Vi le dadeski trasta, ande savi peski lavuta inkrelas, majphari sas, sar pe aver vrama. Leski romnji, e Kati jek posotji sutas andre, thaj katji somnakaj shutas andre, sode birindas. Le love aba khanchi monas. Zhanenas, hoj ando kaver shon le majkuch somnakaja paruvena pala xamasko. O kham avlas opre, kana ando Nagykalló resle. Pe l' forosko mashkar tordjilas o vurdon, o tradari gelas ande kirchima, kaj parudas o somnakaj pala pimo thaj matjilas.

E Kati inke cinji shej sas, kana ando foro phirlas peska dasa, la Matildasa. Bilako chi rakhlinenas kathe e lala Babetta. *Aba zurales daros, hoj so si tumenca. Najis le Devleske, hoj saste-veste kathe reslan. Aven ando kher! Tatjaren tumen! Xan!* – akharlas e lala Babetta la familija thaj ingrelas len perdal pe shukar bari bar, ando kher. Chi zhanglas, kaj te unzol, so te shol pe mesajla, tato xabe, tatji tea. P'ek minuta tordjol, haj chingardel pe Kati – *Joj Devla, hoj tu che shukar kerdjilan muri papusha!* E Kati lazhamnes asalas. *Dikhes, ande baro sidjarimo inke chi na dom tumen lasho djes. Joj, muro Del, che shukara-j kadal shavora! Kado lasho mosko shavo te na tjo rom-i?* – pushlas e Babetta. E Matild chi beshlas tele. Voj zhutilas ka e mesalja, pala kodi ande peska lalaki angalji kethane pelas. Kethane barile, na dur kothar, kaj sas le akanak. La Babettako kher duvar kabor sas, sar lengo ande Budapeshta. Kathe le rom-romnjake, thaj vi le shavorenge kaver-kaver soba sas. E Matild pashljilas pasha peski lala. Pe anglunji ratji chi zhanenas te soven. Zhikaj detehara vorbinas le romnja. Aba anglunes vorbisarde, hoj sosko somnakaj mukhel kothe, pala o than thaj pala xamasko e Matild. Chi kamlas hoj majpalal kade te avel, hoj chi kamel te lel le love. E Babetta kade kerlas, sar phare jilesa te lelas le love, de majpalal shutas le thaj inke majzurales loshalas hoj avile.

O Sandor, o dad aba nas siklo, hoj pe bashnesko glaso te ushtjel. Vi kade majfeder sas, sar khere te shunel le sireni thaj la bombako bashamos. Atunchi aba nas chil po manro. Frishno, kheresko chil inke shoha chi na dikhlas. Le shavora lashe dorosa xanas. Vi e marmalada so e lala Babetta kerdas khere. Kon pasha lende beshlas, kothar andas frishno thud. Sar khanchi pe luma, chi o thud nas ive Devleske.

O Sandor thodas pe le pajesa so e lala Babetta andas andaj xajing thaj vi tatjardas. Vov randelas pe, shukares opre huradas pe thaj las te zhal la lavutaka trastasa ando foro, pe oprunji vuljica. Andre gelas ande kirchima, kaj aba o tradari mates pashljolas. Chi na gelas khere inke. Sovlas phuterde mosa. La mesaljaki faca telal khingi sas.

T'aven baxtale! Lashi detehara rajale! – phenlas, haj chudisajlas hoj feri jek pinceri tordjol pe pesko than. *Mangav ek kaveva!* – phenel. *Berki muro anav. Butji rodav. Shaj vorbisaros le shefosa?* – Pushel haj dikhel pe peski bari lavuta. *Kodo me som* – phenel o manush, thaj dikhel les mishto. Kale balengo, melaxno morchako, ucho kishlo manush sas. Kade ashilas pe leste lesko bango anav: *Sano.*

Pi pachasa tji kaveva, le muzhikusha pala ek chaso avena. Pala kodi shunasa, hoj so zhanes, raja Berki – phenel. Le Berkeske fajolas o mursh. Inke pe kodi ratji opre line les. Loshalas vi e banda. Avri avilas, hoj le primashosko phral aba kheldas lesa ande Peshta. Le primashosko bango anav *Choki* sas, taj dore vi kathar e chokolada majtunjariko sas leski morchi. O harmonikashi mezilas pe leste, feri parno sas, sar o kiral. Lesko bango anav kade kerdjilas: *Kiral Joska*. E banda loshajlas le Sanoske. La Peshtake muzhikushen atunchi inke ando them pinzharenas. Ande sako ratji phagerde somnakajenca potjinenas len. Lovenca atunchi aba khonjik chi potjinlas.

Pala kadal shon o Sano sitjardas le njeve gilja anda opruno foro, le Chokivosa, thaj le Kiral Joskasa. Inke vi unji katanenge gilja pinzharlas, so mishto avilas, kana ketani sas andre. Le njeve giljenge thaj le majbut lovenge, le muzhikushura loshanas. Unjivar le romnja inke vi le shavoren ingerde ande kirchima. Le cine zurales bara loshasa dikhenas, hoj lengo dad bashavel. O shefo le zhuvljan zuralja retjijasa imbisarelas, de von chi line-tar, hanem le shavorenge mangnas malinako pimo. Korkores e lala Babetta pelas retjija. Kana ketani avline andre, o Sano zhungales dikhas pe peski romnji, thaj voj aba zhanelas. Lelas le shavoren, haj khere gelas.

Unjivar le ketani phende le shefoske, te phandavel andre e kirchima. Atunchi feri le nacurenca oprune manusha penas. Nas muzhika. But love anenas kadala ratja, ba o shefo chi loshalas kadale ratjenge. Chi sikavlas, ba inkrelas kathar le ketani. Majlashe jilesa pilosas jek, peske muzhikushenca. Kamlas le romen. Te trubulas te pel le ketanenca, ande peski taxtaj paji shorelas. Mashkar lende chi kamlas te matjol. Lenca ande kodi vrama nashtig khelesas tu. Unjivar vi vov giljabelas ek katanengi gilji. Kade kerlas, sar te pilon prabut.

Pala mizmeri, pala o xaben gelas o Sandor ande butji. Le shavora ande bar khelenas, chi kamlas te mukhen o khelimo. Chi das lenge lasho djes. Kade dicholas avri sar kathe ando gav inke chi areslon la lumako marimo. Kade, sar ande la peshtake gilja.

Feri le ketani phirkerenas tele thaj opre. Aba andaj Peshta avline tele chore manusha, kon pala xamasko kamnas te paruven so inke ashilas len khere. Pe kado than, ka e lala Babetta beshelas, nashtig hatjarenas khanchi anda la lumako marimo. Sar zhalas o Sandor lokhes po drom, pe lesko dumo la bare lavutasa, ande pesko romano mashkaruno, asharlas pes, kaj ando cino foro avlas. *Na inkrel but vrama kado marimo* – gindisardas – *Pala kodi khere zhav mure thule shavorenca thaj le lashe potjinimasa. P'ek vrama ande pacha avasa. Joj, la peshtake roma che xanzhvale avna, te dikhena… Chi trubul te shunav kadale nasul bashnes, sar chingardel sako detehara. Thaj le butja pale kasave avna, sar dulmut. Vi ande Peshta rakho butji, le bolti pale pherde avna xamaskosa* – phagrelas pesko shero. Sar andre reslas ande kirchima nasul maumno zhukarlas les. Le duj muzhikushura kaj e mesalja darades beshnas, pala lende duj bipinzharde xanrale. Pala o pulto tordjolas o shefo thaj khoslas ek taxtaj. Inke chi atunchi chi vazdas opre o shero, kana o Sano andre avilas. Chingardosas leske, hoj – *bolde tu, nash khere, kaj tji familija, kothar ande Peshta* – ba aba nas vrama.

    Lasho djes! – phendas o Sandor. *Heil Hitler* – cipindas o jek shingalo. Le njamcicka vorbi zurale ungrikane akcentosa phendas. *Papirosha!* – phendas. O Sandor anda andrunji posotji avri cirdas jek thaj kothe das. Bare alfabetosa sas iskirime hoj *zigeuner*, hoj rom-i. O shingalo chi dikhlas o papiroshi. Las les, thaj chi das les palpale. Kana unji shonenca anglal trubulas ke keravel peske *Arijake* lila feri katji rakhlas pasha le papirosha: *Musicus Ciganus*. Leske phure but-but vrama sa muzhikusha sas. Barimasko sas pe peski dinastia. Ando ungriko them, so le njilasha, le nacura inkrenas opre, ilegalni sas te aves *cigano. Varisosko bajo-j raja?* – Pushlas o Sandor. *Xutjil ande tjo muj, zhukla!* – chingardas pe leste o shingalo thaj karing o shefo boldas pe – *Si inke kathe varikon anda lengi rassa?* Aj o shefo le sheresa sikavlas, hoj naj. *Majmishto keresa, te na xoxaves, thaj te na garaves kadale patkanjen, ke inke vi tut ingras!* – phendas. *Zhas-tar!* – shundjolas ande Sandoresko kan. O Kiral Joska, o Choki thaj vov gele-tar. Palpale dikhlas po shefo, kon inke kodi taxtaj khoselas.

Sar mukhle e kirchima o shefo andre phandadas la. Anglunes ka le primashoski familija nashelas, pala kodi ka o harmonikashi, palal ka e lala Babetta nashlas. Anda la Matildako vast avri pelas e thuvalji, kana dural sama las le shefos. *Katikam, Katikam! Av sigo!* – Chingardelas pala peski shej. Kana sakofalo phendas, bari briga shindjilas po kher. Numa le shavorengo asaimo shaj shunenas. Le romnja beshnas ka la konjhaki meselja thaj feri ande shushi kuchi dikhnas angla pende. Chi zhanenas so te keren. Le shavorenge phende, hoj te ashon ando kher, te khelen pe, haj te na chingarden. Vi ande lenge lila sa kade iskirime sas, sar ande lenge dadenge. E Kati nashtig gelas palpale ando opruno foro, nashtig mukhelas kothe peske romes. Daranas, hoj sar avri zhan pe vuljica vi len ingrena. O shefo phendas, hoj zhutila, sar zhanel. E Kati feri lestar shaj zhukarelas azhutimo. Chi tromanas avri te zhan anda kher.

Duj pherde djes inkrelas, pune zhanglas kathar le katani, hoj kaj ingerde leske muzhikushen. Kaver djes detehara andre gelas kaj kaver foroski zhandarmaria. E kirchima pe pesko zhamutro mukhlas. O vurdon pherdas sakofalo pimo, retjija, mol. *Heil Hitler!* – phendas lokhes – *Andom tumenge ek cerra podarka, te najisisarav tumenge, hoj kaj phiren le vuljici, sa kothe san, kade dichol, hoj le biboldengi problema aba xasajvel. Kadi lashi khereski retjija si. Loshos, te shaj pos tumenca jek, rajale.* Le glazhi tele shutas, pasha le xanrale. Kodol chudisajle, de pengi voja kernas le manushesa. Pe retjija inke shoha chi phende, hoj chi trubul. O shefo inke cino sas, kana aba sitjilas, hoj sar trubul shukares te vorbil o manush le strejinenca. Le phure zhuvljange kade, hoj che shukara-j inke, le phure manushenge, hoj sar zhanen inke te pen, le njilashenge, hoj sar xoljajven pe l' bibolde. Kade zhanglas opre te vorbil le manushen, hoj te xan le shtare djesengo gulasho, te pen e pajaslji bera, vaj hoj avri te mukhen le Romen, kas andre phandade. De zhanglas, hoj anglunes amalimo trubul te phandavel. Ek kurko phirlas pe zhandarmaria, ba chi das duma pa l' Rom. Vorbindas, hoj sosko sas ande angluno marimo, sar gardishta, pa l' zhuvlja, kas diljardas, thaj avri arakhlas ek pecimo pala ek xanzhuvalo, bare nakhesko biboldo, kon kamlas te kinel leski kirchima. Vi kodi phendas, hoj le Rom pej luma feri pe jek si lashe, pej muzhika. Pe le kurkesko agor aba sakonesa kade vorbilas: *tu*. Sakon patjajlas leski vorba, feri vo na.

Andre sas le aba pala o mizmeri. O kirchimari pale le xanralenca kartjazilas. O kirchimari kade kerdas hoj sa o sherutno njeril. Zor sila kerdas kade o manush. Kade tele pijadas len, kade giljabenas, sar le dile. *Patjan mange rajale, te phenav. Feri jek-duj rom trubulas ma ande mure kirchima, vi le ketanan majlashi voja avlas. Thaj vi tumen. Trival katji love avnas ma, sar akanak* – mothol o shefo le njilashijenge. *Romen kames, muro phral?* – pushlas o sherutno, kon kade mato sas, hoj aba chi boldelas pe leski shib – *No, anda kadala si kathe dosta. Ingren palal le kirchimares, mukh te alosarel peske ek banda!*

Ba Antalkam! Kado nashtig lav tutar. Kadi zurales rajkano-j – phenlas o kirchimari. *Sar te na! Muri vorba si kathe e kris. Me kade kamav! O kaver tehara vi kade ingren kadal zhukela ande Komaroma. Kothar deportalina len. Soski dosh shaj avel, te jekes-dujen khere ingres tuke? Thaj te kasavi voja si tu, mudar len ekha rojasa* – Pe peski pheras kabor asajlas, hoj Devla. Vi o kirchimari asajlas. Nashtig kerlas kaver. Aba lesko shero pe kodi phirlas, hoj so phenla khere le romnjange, te na rakhela peske trine romane shaven.

Pe avljin, kaj ingernas les, vaj trinshela mursha beshnas pe phuv, tala o cheri. Sas pe kas feri sano zubuno. Sar le zhukhela. But zhene izdranas. Bari khand sas pe avljin. Le duj shingale angla vudar tordjonas thaj inke vi akanak giljabenas.

Ka o jek sas ek retjijaki glazha. O kirchimari pala jekh-avreste dikhlas le murshen. Aba tunjariko sas, chi dikhlas mishto. Aba majna pe avljinako mashkar sas, kana shundas ek kovlo hango. *Pst, pst, raja shefo!* – phenel o harmonikashi. Kade kerlas, sar te chi shundosas khanchi. Leske lavutara pasha jekh-avreste beshnas. Lenge punre tela pende cirde. Le Sandores dabe pinzhardas. Kade barile leske lole shora, hoj garade leski faca. *Kadale trinen ingrav!* – cipisardas o kirchimari le shingalenge – *Kadal phiraven aba penge jekformavi gada* – asanas le zhandarura. *Raja shefona!* – phenel o primashi lokhes. *Mangav tut ingras vi kadalen!* – thaj pe trin roma sikadas, kon pasha lende beshnas. *Inke vi kadale trinen! Kade si ma ek intrego banda* – phenlas o kirchimari. Asalas thaj lesa asanas vi le shingale, thaj vi la zhandarmarijako sherutno. *Aven!* – phenel lokes o kirchimari. Le mursha zhanas pala leste. Krujal dikhlas. Le majbute manushen, kade gindilas, si familija, si shavora. Haj but zhene aba inke shavora sas. Majlashe jilesa ingerdon pesa inke jek-vaj duj bande. Nas les aba troma. Le shov romenca kethane tordjilas angla o kapitano, thaj vazdas peski taxtaj – *No dikh-ta Antalkam! Tjire majzhungale patkanjura alosardom. Inke vi ekhe loles raklom.* O kapitano kasava zorasa asalas, sa avri reslas lesko girtjano. Vi o kirchimari pilas. Le paja shordjonas pa leste. Inke vi lesko gad kindjilas, kade daralas. Chi hatjarlas kasavi dar, d' atunchara sar rakhadjilas. *Antalkam! Phen-ta...* – p' ek semo ashilas, sar kon gindil pe – *Ah na... kado aba prebut avlas... nashtig mangav katji tutar.* O kapitano opre xuklas. *Kames te azbas ma? Shaj manges so kames mandar, muro phral. Naj kasavo, so chi keros tuke, phura shava!* – phendas. *Haj zhanes, tje manusha kana pale aven te roden ande l' khera, shaj ingren mure Romen. Ba te iskirisas mange ek lil hoj kadal manusha fontosha manusha-j anda baro marimasko ideologija, ke le ketanenge trubul te bashaven, chi trubulas gindo te avel ma* – mothol. O kapitano pale asalas. O kirchimari akanak na. O kapitano p' ek minuta tordjilas. Kade, sar le kirchimaresko jilo. *Haj kade, muro amal!* – kerlas anda o shero, sar kon chi patjal. Anadas ekhe manushes te iskiril, kerde le lila. Kothe das le le kirchimareske. Kodo ande posotji shutas len. Le Rom ando kolco izdranas. Atunchi aba efta djes daba xale variso. Marenas len, le somnakaja sa line lendar. *Sosa shaj najisarav tuke pala kadala?* – pushlas o kirchimari – *Rajale, chi na kamav majbut te lav tumari kuch vrama. Lashi ratji te del o Del. Heil Hitler!* Akanak aba majfeder zhanas te phenel avri kadal vorbi, sar anglunes. Zhalas karing o vudar.

Tordjuv!* – Chingardel pe leste o kapitano. Kako boldas pe. Le paja shordas les, chi avilas avri ch' ek vorba pa lesko kirlo. *Kade gindis, hoj numa kade avri shaj phirkeres kathar?* – phenel o kapitano. O kaver zhanglas, hoj nashtig nashel-tar. Leske punre pharile. – *Xoxadan ma intrego ratji!* – Khonjik chi das duma. *Soro ratji mukhlan te me njeriv ando shnapser. Akanak chi mukhav te zhastar, pune chi phenes angla e intrego zhandarmaria, hoj de katar tehara patjivales kheles* – Das les duj cine palmi thaj asalas. Bares nakhadas o kirchimari, thaj anda zor asalas – *Kadi kero! Shaj patjas mange. Tuke sakofalo kerav.* Vast dine jekh-avreske. *Heil Hitler!* – chingardelas o kirchimari thaj le Romenca avri mashirozisardas.

Kana le slobodimaske lilesa ande posotji reslas la Babettalako kher, dabe mukhle les andre. Leski sokra chi pinzhardas les. Lunzhi lole shora, chikenale, melale bala. Leski majcinji shejori chingardos nashlas-tar lestar, kana dikhlas les. V' e Kati rovlas – katar e bukurija. Le palune shon e familija Berki hajkam ande kirchima beshlas. Daranas hoj la intregona familija deportalina. Kade, ke feri te soven gele kaj e lala Babetta. Le romnja ande la kirchimaki konjha kerenas butji. Majpalal inke duvar kamle le njilashura, le nacura te ingren le muzhikushen. Sa le kapitanosko lil muntusardas len. Zhikaj le marimasko agor, e familija Berki, o Choki, o Kiral Joska thaj le trin kaver lavutara ande kirchima kernas butji. Chi love, chi somnakaj chi line majbut kathar o kirchimari. O shefo vi majdur sako kurko duvar phirlas pe zhandarmaria te kartjazil. O kapitano zhikaj andre avline le rusura, ande chi jek kheljimo na sas angluno.

E kija
Mágó Károly

Ande shpita, ande le nasvalengi soba beshav taj ginavav jeg knjiga. Chi zhanav sode vrama nachilas aba. Lungi chasura, vaj feri unji minutura? Seroj kaj mukhlom o ginavimo pe knjigaki rig 127. Ek mange bipinzhardi zhuvlji shol pe mande pesko vast. Dichol pe late, hoj zhi akanak sitjol. Inke naj gata doktorica vaj tista nevi doktorica. Cerra nervozno sas.

– *Te avel jertome le Devlestar. E phuv te avel lake lokhi* – phenlas haj shutas pesko vast pe muro dumo – *Tji dej sas?* –

Sar anda suno dom lake anglal. Chi somas mande – *Ova, vaj na anda o rat sas muri dej, ba sakofalo lake shaj najisarav.* Apal gindindom, sostar vorbij me pala kadala butja kodola zhuvljasa? So xal lako vast kodo? Fajma rucino la!

Pe Ester peren mure jakha. Te na avnas phandade lake jakha, shaj gindisas ke zhuvindi-j. Lako trupo maj cerra, maj cino kerdjilas, chi mezij pe kodi zhuvlji kon jekvar kasavi zuralji sas, kon jekvar sa kasavi ginjesho sas. Ushtjav opre. Xutjilav inke jekvar la zhuvljako vast taj mukhav le nasvalengi soba. Chorri saga, chorri sung malavel ma. Sung sar ande sako shpita kaj si. Kadi saga avere manushenge khand si, mange andas o majlasho trajo.

Zhav ka o lifto. Karing ma avel ek terno shavo, ekhe shushe skaminesa so mishkil pe rotenca – *zha-tar rigate, ke sidjarav!* – phenlas haj gelastar. Kade dichol ke o grizhari chi pinzhardas ma. Nas ma vrama te dav anglal pe leski vorba. O lifto zurales lokes zhalas tele pe pesko drom. O kham pe efta chunri pekelas. Fimlalas lestar sakofalo. Pasha o drom dulmutane khera tordjonas, so vazdinisajle anda XX-to shelutno bersh vaj inke maj anglal. Le manusha kathe kade trajin, sar te sakon and' ek dobozi, opral, telal beshen.

Avri kamav te marav sa anda muri godji, ba chi birij. Sa pe Ester gindij. So me xutjildom latar. Le but gindura avnas pala jekhavreste. E luma boldas manca. Kamlom te shandav. Pashal dikhav ek pado. Gindindom, hoj tele te beshav, te pav ek cerra paji anda pajesko flakono katar muri trasta. De na kade kerdom. Gelom-tar majdur.

Baro pahosko shil sas, and kodi jivendeski rjat ando bersh 1972. Muro kolin pusavelas kathar o shil daba zhanglom lufto te cirdav. Dorosarav pe mura gugla dako chingarimo. Ande godji pale anav hoj beshav ande chorri kashtengi taliga. Atunchi kerasas kadalasa variso, kana nas ame chi grast, chi vurdon, ke muro dad pilas le, thaj kartjazindas le. And' ek baro, thulo colo sharavos ma, kothe pashljos, bimishkimasko.

Muri dej but vrama shaj ingrelas ma, majpalal sunujas ame varikon, thaj ingerdas ma ande shpita. Zhika kodi vrama aba bute vudarende mangelas zhutimo, ba khonjik na mukhelas ame andre. Le manusha vaj chi phenenas khanchi, vaj nashavenas amen – *Zhantar kathar khandine zhukhela*. Le vorbi atunchi zhi ka mure kan resnas, akanak aba, zhi ka muro dji resen.

O kher kaj po agor zhutimo xutjildam, sas ek galbeno, kinjesho kher. Nas andre khanchi so po barvaljimo mezijas, ba mange o majshukar sas, so dikhlom zhi pe kodi vrama. D'atunchara chi maj dikhlom kasavo. Bershenca palal vi me kade kamlom te kerav muro kher. De aba nas kasavo. La Estera sas ek cino kher telal ando them. Kothar unji butja sas mande ande muro kher, so ande le forosko mashkar sas.

Ek ternji zhuvlji nakhlas-tar pasha mande, taj telefonisardas thule taj zurale hangosa. Pe kodi gindindom, te angla trin djes opre lomas muro telefono, shaj inke vorbindomas la Esterasa, mura dejorasa. Po mashkar le dromesko maladem te rovav. Biasvengo. Kana opre las ma e Ester, atunchi sas voj shtar-var-desh taj trine bershengi. Kasave vramake romnja po telepo aba sa mamija sas. La Estera nas shavora.

Ande kadi rjat, perdal nashlas and' ek kaver kher kaj somsedura. Lake avri puterde o vudar. Sar vi le majbut vudara lake puterdjonas. Le kheresko gazho bochanato rodelas, hoj ek romanji familija opre chingarda e vuljica. Kodi gindisardas hoj von avline palpale, anda kodi chi puterdas majsigo o vudar. E Ester chi phendas khanchi. Love shutas ande le gazhesko vast. Nas cerra love. Pala kodi ingerdas amen o gazho peske grastenca ande shpita. Pala kodi nas khonjik chi lake, chi mange, feri ame dujzhene. Shov kurke pashljilom ande shpita. Le doktora sa tele phende pala mande. Chi na garavenas kodi.

Muro buko sas nasvalo: Pneumonia. Atunchi aba nas kodo kasavo nasvaljimo, hoj meren anda leste, feri pe vrama trubulas te zhal o manush ka doktoro. Muri dej kodi gindisardas, maj sastjuvo khere uni drabenca. Kana aba sama las, ke e situcija sa maj nasul kerdjol, aba shtar djes gelesas, daba trajisaros. Chi zhanglas te phenel kabor muri temperatura sas, feri katji, zurales uchi sas.

Ande shpita maj but vrama chi somas mande. Khanjikasa chi vorbinos. Kana majfeder avilom, e intrego knjiga *Le Petit Prince* ginadas mange pe ungricko shib. Palpale zhanglom te phenav la Esterake sa so iskirij ande knjiga. Kon khelel andre, so phenen. Kade beshelas voj pasha mande, sar me angla dopash chaso. Sastjilom. Sakofalo parrudjilas. Mure phurenge me somas o panzhto shavoro. Chi na lenas sama, hoj chi som khere. Loshanas, ke ekh bokhalo muj majcerra si. E Ester chi zhanglas te kiravel. Sa kothe opre phabarlas o xaben. Sa kodi phenlas, hoj anda kodi, ke – *inke jek rig ginadam*. Chi hatjardom pune luma kon kade kerlas muri grizha, inke chi me keros ka muro shavoro. Deshe bershengo somas. Ande shtarto klasa phiros ande shkola. Chi zhanglom andre te getosarav len. Ande trito klasa duvar phirdom. Palal tradine ma andaj shkola. Chi kamlom te sitjuvav, haj chi na kamenas te sitjuvav. Le sitjara anda kodi, ke sa anos zavarba ande klasa, muri familija pale anda kodi, ke zuralo somas, haj le grastenca haj balenca shaj keros butji. E Ester zhanglas, hoj pe kaver butja hatjarav ma. Haj na numa le balen zhanav te uzharav. Pinzharlas la shkolake direktoros, kade shaj phirdom pale ande trito klasa. Akanak me somas o angluno ande klasa. Duvar katji trubulas te sitjuvav, ke rom som. Pa kadi numa jek-avreske xoxadam amen, e Ester thaj me. Kade sar pa muro nasvaljimo.

Ande Esteraki familija, kon bibolde sas, vazhno sas lenge e godji taj o zhanglimo. Ande muri famiija nas kodola trabi khanchi. Ande laki familija kade kerenas, hoj te manglas varikon lendar, te potjinel avri varikasko sitjimo, von zhutinas. Le love na lenas palpale pe kas zhutisarde, kodo trubulas te del majdur thaj te zhutil kavren. Vi kadi sitjilom. Vi me zhutisardom sakones, kon manglas. Pe Ester hajkam xoljajvelas laki familija, ke ekhe gojeske zhutisarel, ba me nashtig zhanos pa kado. Voj sakonestar zhanglas te muntusarel ma. Kana avlas amende, muri dej bari patjiv sikavlas lake, vi xamasa vi pimasa. So khere sas denas. E Ester sa xalas, pilas amenca. Zurales las voj sama te ashel vi dosta le shavorenge. Chi azbadasas mura da chi pala la lumaki konjha, hoj chi xal so voj kiradas, vaj te na pel mure dadesa. Zhalas e vrama. Aba lazhajvos kana avlas amende. Bari sas e diferencija mashkar e Ester taj mura familijako trajo. Hatjardom, hoj te kamos opre te resav lako nivovo, te chi na resos opre, te shuvav numa cine pasura, hanem trubulas te shuvav bare pasura haj kodo bi tordjimasko.

Vaj zhanglom, vaj na, hoj so azhukarel la Ester, chi zhanav aba. Lake sastjarimaske lila trade mange ek dopash bersh anglal. Sako so trubunas te keren, kerde pe late mure kolegura, le doktora. Barimasko simas, hoj shaj zhutinav thaj vi voj barimaski sas pe mande.

E ratji, kana perdal gelom late, dikhlom pe lake jakha, ke baro-j o bajo. Shaj ke voj chi zhanglas, ke feri unji shon si la inke trajimaski vrama. Pala 45 bersh pale lam te khelas cine xoxavne butjanca. O teatro so indulindas mure trajosa, voj akanak ande phandadas kado teatro.

Zhoja si. De katar trin djes naj maj but kasavo tatjimo sar majanglal. Memelji phabarav pasha la Esterako foto. Shoha te na merel e langa la jagaki. Chumidav o foto, kade, sar majinti mura cinja sha. Pachasa sovel e cinji, ando suno asal ek cera. Shaj ke chi sovel, feri khelel pe manca.

Ande shpita kethane kharavav mure zhenen. Dav duma lenca. Pala kodi zhav te dikhav ekha nasvalja zhuvlja. Voj le ministeroski sokra-j. La ternja doktorkinjake, kon sama las la Esteratar, kana me chi simas katka, shundom hoj lashe jilesa kerlas peski butji. Tradom lake pe detehara luludja, haj najisardom lake anda sakofalo. Opre iskirindom, hoj te dikho pe late, sar laki karijera zhala majdur. Le ministeroska sokrako sastjimo lasho-j. Fajma darajli varisostar kaj chi trubundon te daral. Phenav lake hoj naj bari butji, so trubul inke te keren pe late, thaj pe le kurkesko agor aba khere shaj zhal-tar peske. Kharavav le grizhares. Anda jek avel. Sama lav, ek cini dar ande leste, sar avel andre.

Lashi detehara, raja doktor! – Pinzharav les. Chi pomenij amaro malajimo, so sas amen majinti ando lifto. Chi kamav te dav les drom kathar leski butji. Gindij pe Ester. So kerelas voj pe muro than? Ande leske jakha dikhav thaj phenav hoj la phura zhuvlja te ingrel pe koljinesko röntgeno, te azhukarel la, thaj pala kodi te ingrel la po ultrahango. Mukhav le nasvalengi soba taj boldav ma palpale karing muri soba. O vudar phuterdo-j, sar sa la lumake vudara so-j mange phuterde. E Ester sa phuterdas len mange.

Pahosko brishind
Samuel Mago

Leske papuchengo glaso dural shundjolas. Ternji detehara shushi sas inke e Pesta. Feri le rusicka ketani phirkerenas pej vuljica. Adjuvo. Pushka. Granato. Kalman pej bari vujica *Körút* sidjarlas. Ande lesko chacho vast ek lavutako trasta, po cino naj ek angrushni sas. Po sako kolco andre cirdas ande thuvalji. Majpalal avri pelas anda lesko muj. E nasul thuvaljako zharo phabardas lesko naj. *Armajake rusura!* – phenlas pe glaso kado ashol mange – *Butjarnji thuvalji. Kathe sakofalo butjarika si. Inke vi le raja.*

Intrego ratji ande *Márványmenyasszony* muzhikalindas. Zurales vonjiko than sas ande o foro. Kathe but shaj rodelas ek primashi. Pesko phanruno shalo losarelas, pizdales palpale ande o lungo zubuno. Kaj o 6-to tramvaj phirlas, akanak tankura phiren po drom. Aba e trito thuvalji cirdel. Shil sas, ba pa leste shordjonas le paja. Boldas pe ande Tompa vuljica, krujalindas ek ratvalo than. Le rateski vurma andek kher, so tele sas bombasirardo, ingrelas. Po kher lolo, parno, zeleno lobogovo lengilas. Kaj sas po lobogovo le komunistengo bileto, ek xiv kerde. Sidjardos shudas la thuvalja, thaj marlas o vudar. Ek phuro bibalengo manush phuterdas o vudar. Ekhe kotoresa khoslas pe – *Av, Juhasz tavarish, av!* O rom das les duj rupune. *Naisarav muro raj, naisarav!* – phenlas o gazho. Opre nashljas po gradicho. Po dumo hatjarlas, hoj dikhel les o manush, ba chi boldas pe. Perdal gelas po gango, kaj ek vudar tordjilas, haj maladas o vudar. Ek shukar, ternji, lole balengi zhuvlji cirdas o firhango, avri dikhlas, thaj phuterdas o vudar – *Kalmankam!* Ande leske kuja xuklas. O mursh phandadas o vudar. Ando 1956 oktoberosko shon le pushki kattji sas, sar te pahosko brishind delas.

O radiovo pej meselja sas, thaj basholas. O Kalman peska romnjasa beshjlas kaj e meselja, taj shunenas so phenel. Jekvarsa malaven e felastra. Ek mursh, kon mishto dikhlas avri, tordjol po gango. Hajkam tranda bershengo shaj sas. *Me som* – thaj avel andre ande kinda. Andre ushtjadas, chumidas peske phrales, thaj peska bora. *Servus Béla* – phenel o Kalman. *Zhav tar ando Bech* – phenel – *Le Jozsesa, le Matyijesa, thaj inke but romenca. Kavertehara zhas. Naj ame vrama, feri akanak shaj zhas. Trubul te aven vi tume.* Margit kaveva shordas. *Béla, zhanes, hoj na amenge trubul te zhas kathar?* Thaj e Margit phari-j. *Kadi nashtig kerav* – phenel o Kalman. *Gindin tu! So azhukarel pe amende? Amaro nano ando foro Becho beshel. Kode phenel, hoj feri kade shuden pala le roma le love. Vi tu ginadan leske lila.* Kalman tele maladas o shero – *Nashtig zhas pa jek djes, po kaver. Kado-j amaro them. Kathe-j amari familija.* Pushindos dikhlas pe pesko phral.

O thuv tordjolas ando lufto. Béla xasaldas, opre xuklas – *trubul te zhav. Adjes ratjine maladjuvas kaj o Jozhi.* Tordjilas p'ek minuta, kikidas peske phralesko phiko – *Kalmankam, kadoj amaro paluno shanso. Majbutivar nashtig zhas kathar. Te avel tut godji!* Pharo dji cirdas, thaj kade gelastar, sar avilas.

Kurko detehara sas. E Margit pe kode ushtjilas, hoj ek granato andre maladjilas pasha lengi vuljica. O rom-romnji ande o cino kher andej Tompa vuljica tela o 26 numero, chi zhanenas intrego ratji tele te phandaven peske jakha. Margit avri gelas andej kinda, kiradas ek kaveva. Ande duj kucha shordas. Ande o jek thud, ando kaver cukro shutas. *Trubul te zhas* – ashundjol anda o kolco. Kalman kaj o vudar pizdelas pesko phiko, gindosa dikhlas la romnja – *Chachipo si les. Trubul te zhas!* E romnji boldas pe. Le cukresko charo avri pelas anda lako vast. Zumavelas opre te kidel. *Margit!* – Chingardas pe late o rom, xutjildas laki kuj, thaj zhutisardas opre te ushtjel. *Trubul te zhas kathar! Vaj kames kathe te barol opre amaro shavoro? Kade kames? Dik avri pej feljastra!* E romnji kaj o rom gelas. Chi dine duma, feri tordjonas, ande jekhavreste xutjildine. E kaveva aba avri shordjilas po jagako than. Avrel le but-but manusha chingardenas. O Kalman chumidas lako chikat, thaj phenla – *Sako mishto avla. Maj dikhesa.*

Pej vuljica sakofalo kasavo sas, sar detehara. Kalman banges tordjolas ande soba, pala kode opre las peski lavuta, avri phuterdas la. E sung anda late andre phirdas o aero, but shel bershenca hurardas les palpale andej vrama. Xutjildas pes, thaj khelelas pe late. Peska daki gilji khelelas, thaj p'ek cinji vrama bisterdas le forosko chingaripo.

Leski romnji kaj e somsedkinja sas. Pasha e Margit chorivanes mezilas pe, melale, haj shinde sas lake gada, nas huladjime. Le duj zhuvlja chikenalo manro xanas, haj tea penas. Nas lasho. E somsedkinja o manro kales kindas. Shuko sas, haj phabardo. Kamlas te tele kidel so phabardjilas, ba chi zhanglas. Ande khonjik nashtig patjal o manush ande kasave phare vrama, ba kadi somsedkinja but bersha laki amalin sas. Pilas andaj tea, pala kode vorbisarlas. *Chi zhanav kathe te mukhav kado foro, kado-j muro trajo.* – E romnji feri anda shero sikavlas. *Naj ma chachipo?* – pushlas gindosa la gajzha. *Ba, ba* – haj pesko shero xarundelas. *Chachipo-j, hoj chi o Kalman chi kamlas te zhal. Peske phralen, peska familija chi kamlas kathe te mukhel. Thaj peski butji. O Del zhanel so azhukarel pe amende ando Becho* – haj le sheresa mishkilas. Sigamnos avri phuterdjilas o vudar, thaj ek baro, zudo cerra balengo mursh ushtjadas andre. Tato sas leske, thaj khandino sas. *Lasho djes tavarishnjica!* – phendas. *T'aves baxtalo* – das palpale e vorba e Margit – *Sunusarav, ba trubul te zhav. Aba azhukarel ma muro rom.* Kadale manushes, savi pasha lende beshlas, chi voj chi kamlas. O Pista sa xanzhvalo sas pe Juhasz familija. Perdal ek trajo nas les lasho butjako than, pe sakon xoljarniko sas, kon majmishto inkrel pesa familija. Margit naisindas, haj gelastar. O mursh chi na naisardas lake.

Dabe reslas khere, shunlas, hoj po gango phirel varikon. Avri dikhel pej feljastra, haj dikhel, hoj lako shogori si. Peska romnjasa avlas. Lasho djes das lenge. Kana o Kalman shundas lengo glaso tele shutas peski lavuta, thaj avri gelas. Lasho djes das. Sakon izdramno sas. E Ilonka – le phraleski romnji – sodivar shunlas le granaturi, sa kethane cirdas pe. *No sar gindisarde?* – pushel o

Béla. *Tumenca zhas* – phenel o Kalman. Lesko glaso kasavo sas, sar te chi voj chi zhanelas inke chi akanak, hoj kade si mishto. Pej meselja ek charo londos, ande so cine chikalo manreske kotora sas. Ba dosta love anlas khere o Kalman, ba andej bolti nas khanchi. Le manusha bokhajvenas. *Ande amaro kher opre phabarde. Andre shude ek Molotov-koktelo. Sigo kathe avilam* – phenel o Béla avrel anda peste. *Kathe ashen! Kado naj pushipo* – shindas ande vorba e Margit. Pesko shero mishkilas o rom – *Le vuljici pherde si mulenca. Pe sako than rat.* E Ili le vasta angla peski musura shutas, kade rovlas. O Béla opre phabardas, thaj phenel – *Gelam le Jozsesa pe vonatosko stacia. Aba nas bileta pe tehara. Pherdjilas o vonato. Vorbisardam ekhe kalauzosa. Pala panzh shela ingrel amen.* Le Kalmaneske jakha opre kecisajle. *Panzh shela?* – chudisarelas pe. *Jek-jek manushes. Ek shoneski potjin si. Voj kode phendas, hoj kado amalicko ahor si. Me tehara anglunes zhav. Tume aven pala mande le kaver vonatosa. Kodo kavertehara zhal. O kalauzo tele xutjilel tumenge trin than. O vonato zhikaj o foro Sopron zhal. Te pushenas, kode phenena, hoj po bijav zhan. Ek pinzhardo azhukarel pe tumende ando Sopron. Voj perdal ingrel tumen pej granica* – phendas o Béla. O glaso pej vuljica maj lokisardas – *Zurales trubul te sama len! Le komunistura pe sako than kothe si. Pe sako than si le kan. Pej vuljica, ande bolta, kaj o pekari, shajke inke vi ando kher. Nashtig patjas khonjikaske.*

O Béla ekhe morchunji trastasa tordjolas po gango. Pe kadi detehara zurales tunjariko sas. Lesko phral avri gelas, thaj phandadas o vudar pala peste. Bivorbako dikhnas pe jekhavreste. O Kalman tele cirdas peski somnakuni angrushnji. Ek kalo bar sas mashkaral ande late. Phari sas. Dikhlas pej angrushnji, thaj ande le phralesko vast shutas la. O Kalman hutjildas lesko chacho vast, thaj andre shutas la. *Diljilan?* – pushlas lesko phral. *Le la numa!* – phendas o Kalman – *Le loven naj ahor. Kon zhanel sosa maladjos po drom.* E angrushnji pa but generaciovo kaj e familija sas. O Kalman kathar pesko nano xutjildas la. O Béla chi kamlas te lel la. *Chi resel kattji, sar tjiro trajo* – shindas e vorba o Kalman. Chumide pe. *Le sama pe*

156

tute! – phendas o Béla. *Maladjuvas pej kaver rig* – Phandadjilas o kheresko vudar. Gelastar.

Ek khandino romesa majcerra-j – shundjol o cipipe ando kher. O Kalman mucisajlas. Mishto shundas? Krujal dikhlas, chi dikhlas khanjikas. Jekvarsa ando tunjariko ek varikon avel angle po gango. *So phendan?* – pushel lestar o Kalman morcosardes. Opre pinzhardas le Pistas, kon pasha lende beshel. Kado manush pale po gango sas sorro ratji taj pelas. *Mishto shundan, cigo* – chingardelas. Kalman retjijesko khandinipo hatjarlas. Xoljarnjiko kerdjilas. Lesko vast ande burnjik kikidas – *Na vorbin manca kade, tu khanchesko!* O gazho avilas angle – *Sostar? So keresa? Ando shero malavesa ma tjire lavutasa? Zhuvalo cigo!* Thaj aba hatjarlas e bari dukh pe pesko shero, kabor maladas ande leste o Kalman. E somsedkinja avri phuterdas o vudar. *Pista!* – vazdas opre peske gazhes. *Kado manush inke jekvar kade vorbil pala muri familija, colaxarav, hoj ande shpita arakhel pes. Te merav te na!* – phenel o Kalman. O Pista opre ushtjilas pashal e romnji. *Inke naj agor, Juhasz, inke naj agor!* – thaj ande gelas.

O Kalman, e Margit, thaj e Ilona, sidjarnas pej Rákoczi vuljica. Dural dikhnas e stacia Ek dopash chaso avline kheral. Le trasti pherde shute. O Kalman kikidelas peski lavuta. Chi gelosas bilako. Perdal po drom trin kumunistura marnas ek manushes. *Sidjaren!* – phenel le romnjange o Kalman. Le romnjangi papuchengi glaso shundjolas po drom. E familija kaj o dujto rig sidjarlas. Po perono ek kalauzo sikavlas te aven. *Juhasz?* – pushlas lokes. Leske gada njeve sas. Pe leski shipka ek lolo cherhaj tordjolas. *Ova* – phenel o Kalman – *Le Jozseske pinzharde sam.* O kalauzo anda shero sikavlas, hoj mishto-j. *Kathe-j mure lila* – del kothe leske o Kalman. Jek-mija-thaj-panzhshela sas andre. *Mishto-j* – phenlas o kalauzo, thaj das les le bileturi. *Naisaras raja!* – phendas o Kalman kolo djisa. Perdal das la romnjake le bileti, thaj opre zhutisarda la po vonato. Anglal e Margit, palal e Ilona. Opre shutas vi le trasti. *Juhasz!* – chingardas ek glaso varikathar. Pinzhardo sas. O Pista, kon pasha lende beshel, nashlas pa lende. Aba nas vrama, trubulas te huljel opre. *Xutjilen le trasti, zhan anglal, avav vi me* – phenlas o Kalman taj tordjilas angla o Pista – *So manges?* O gazho pe phuv dikhlas. Pasha lende ketani phirkerenas. *Me aratji zhungales vorbisardom tusa, jertisar ma! Muri gazhi phendas ma, hoj adjes zhan tar.* Pale leste, haj pe le ketane dikhlas. *Hatjardom, thaj sunusarav. Na inkrav e xolji. Gata si.* – phendas o Kalman taj pala e lavuta unzulas, vast kamlas te xutjilel lesa. *Mange inke na!* – phenel o gazho. *Shovengo si leste!* – chingardel o Pista, thaj sikavel ande lavutaki trasta. Margit avri dikhlas pe feljastra, haj dikhel hoj lako rom pe-j phuv kethane perel. La pushkako glaso slabos shaj hatjarenas andej kupeva. Zalisardas pe. Chingardelas, nashlas kaj o vudar, ba o kalauzo andre phandadas les. Chingardelas, te phutren avri, ke o vonato lokes, las te zhal. Sar vi lesko trajo. O Kalman mules pashljolas po perono. Ande leski kuj, leski lavuta.

Leske papuchengo glaso zurales shundjolas pe le hospitalosko drom. Ternji detehara. Inke shushi-j ando Bech o Wilhelminenklinika. Po lungo angluno drom numa le doktora, haj le grizharici phirnas. Mashini. Pharo dji. Pacha. O Kalman opre gelas po trito etazho. Zhal po lungo anglunji soba. Izdral. Sa pesko phanruno dikhlo mishkisarel, palpale kamel te shuvel les ando lungo zubuno. O injato numero rodel. O vudar ek cerra phuterdo sas. Kaj o paluno nasvaljimasko pato ushtjadas. Kothe beshnas aba e Ilona, thaj e Margit. Ande lenge bala aba kattji sas le parne, sar le kale. E vrama vurma mukhlas pe lengi musura. Le but desh bersha nashle pasha lende. Pe lenge jakha dicholas, hoj aba dulmut chi sute. *Tu san kodo, muro shavo?* – pushlas o phuro manush, kon ando pato slabo glasosa, parne balenca, bimishkime pashljolas. *Kathe som, Béla nano!* – del duma rojindos o Kalman, thaj izdramne vastesa xutjildas lesko vast. *Shtarvardesh bersha sas, kana tjo dad das ma variso. Variso, so mande sas tela but bersha. So pe leste serosarelas ma* – Khinjilas. Nas les zor. But bersha hoj cirdelas cigara, kathar kado, lesko glaso reketto kerdjilas – *Zhanes, pa soste vorbisarav?* Kalman le sheresa phendas ova. *Adjes kade tordjos angla mande, sar atunchi tjo dad. Thaj pe tute te dikhav, zhanav, hoj chi mukhlas*

158

amen – tasolas ek cerra – *Cirde avri kodole ratjako shifonesko vudar, telal, thaj de kathe, so andre si.* O Kalman kade kerdas. Ek cino lolo dikhlo inkrelas ando vast. *Tjo dad kade kamlosas, hoj tjiro te avel* – phenel o Béla. O Kalman pe pesko dadesko angrushtji dikhlas, thaj ande pesko zubunesko andrunji posotji shutas les. Pe dej dikhlas, tele khoslas peske asva, thaj angalji das le phure romes.

Le *Juhasz rajeske akanak trubul te xodinisarel* – phendas e grizharica. Draba andas, thaj paji. E familija naisisarde, thaj phende, hoj palpale aven tehara. Po angluno drom o Kalman pe dej rudjisardas. O Bela ande lesko intrego trajo dad sas leske, sar lesko guglo dad.

Kode phenen, hoj majmishto-j ando Becho te tramvaja trades, sar ando Ungriko them fabrikako shefo te aves. O Béla fabrikako varisave angluno manush kerdjilas, ande peski profesija. E bari vujica *Kärntner Straße*, haj kodo fimlalipo sas lesko trajo. Leske kerade papuchi, lesko parfümo perdal phirdas sogodi, haj sakon chudisarelas les.

E Ili thaj vov, kodo trajo trainas, so le Bechoske manusha. Ande le forosko mashkar beshnas, andel majkuch bolti kinenas sogodi. Shaj kerde, ke mashkar le lavutari zurales baro anav sas les. Aba po angluno kurko xutjildas butji, thaj pe majlashe thana kerlas butji. E Ili tomnasa aba ande nercako morchako zubuno phirlas, inke vi ande bolta. Ande stungo posotji marcipano, ande chachi zevelja inkrelas, kade nasholijas. *T'aven baxtale, kathe e Ili anda Becho* – phenlas ando telefono, kana po Ungriko them vorbilas varikasa.

Phenen hoj la Bechako krujali vuljica, voj si e historia. Le Bélasko trajo e krujalji vuljica sas. Phenen hoj le ungrikone manushen zuralo-j lengo akcentushi. O Béla zhanglas kadi. Hajkam mishto vorbilas pe njamcicko shib, kade phenlas avri le vorbi, sar ungrikanes. Le mishkipe sa kasave ashile, sar sas. Pala kana disidalindas, kamelas ando parko te beshel zhikaj but chasura. Sar xaxavlas le chirikljan, dikhelas, sar zhan jekhavreske, thaj maren pe pala ek kotor manro, sar marel tele o zuralo le slabos.

Kode phenen, hoj o Becho andre lel tut. Na kade si chaches. Le njevipes, le kavres, sa trubul te sikljos. Le Kalmaneske kaj kodo trubulas bari zor, kathar avilas, peska buchumasa. Voj aba austrianco sas. Shajke na ande shib, ba ande daki shib. Kode sa ungriko ashol. Le dadeski shib, o phutjaripo, sar kamel butji te kerel, kadi aba khonjik nashtig lel lendar.

Vi kodi phenen, hoj pe bari vujica *Graben* le manusha majelegansura-j, sar pe kaver than. Hoj o *Küssdiehand* maj patjivalo si, thaj kon kade naisin, vi kodola manusha majpatjivale avna. Feri kon ando Becho beshel, kodoleske kasavi si, sar e natura, kon ando Becho resel – vi atunchi, te inke ande peski dejako per si – trubul te sitjol.

Te zhas p'ek krujalo, vaj karika, p'ek vrama, sa kothe reses palpale. Ba pe bari vujica *Gürtel*, vaj po *Ring* zhas, trubul te sitjos sar trubul krujal te phires, kade hoj trubul te zhanes kaj si kodo punto kaj kames te reses. Inke vi kodo trubul te sitjos, hoj ando angluno krujalo na zalin tu kathar o fimlalipo. Kodi bolta, kaj ek phuro Bechosoko gazho shaj kinel so kamel, ek njeve migrantoske feri vitrina ashol. E Margit zumadas le Kalmanes ande majlashe gada te phiraravel, rodelas le majleznji tramci. Vi ratjake butji kerlas, kothe kaj zhanlas, hoj pala lako dumo chi asan la avri, numa ke chi zhanel shukares te vorbil njamcicka. Kothe dosta sas, hoj lashi butjarica si, thaj aba vi pe but inkren laki butji. Ande Kalmanesko vast kade asholas e lavuta, sar ande le dadesko. Kadi bari butji si, ke chi sitjilas. Chi leski dej, chi lesko nano, kon zhutindas les ando bararipo, chi kamnas hoj lavutari te avel. Shukares getosardas e shkola. Inzhineri avilas. Peske dadeske gilja but-but shunkerlas. Zhi pe kodi vrama pe sode le dadesko lavutarako glaso chi nakhadas o zugashi andej muzhikashki mazhina.

Aba palal sas e vrama. O Kalman ande bari soba beshlas, thaj retjija pilas. E soba pherdji sas thuvesa. Ek ternji zhuvlji xutrelas lesko vast. Bashilas o telefono. Opre las les – *Halo! T'aves baxtalji dale...* Shunelas peska da, thaj kathe-kothne ek-ek vorba phenlas. *Na, na mama, nashtig...* – O telefono pe cinji meselja peradas. Leske jakha ando khanchi dikhnas. Phares lelas lufto, thaj pesko shero mishkilas. E romnji pasha leste opre ushtjilas, pala lesko dumo gelas, chumidas les. Pale baro maumno kerdjilas. O Kalman duj vastenca xutrelas peske bala, haj kethane pelas. Pe lesko angrusnjako naj ek kalo bar fimlalas krujal somnakajesa. Sar e memorija katar o slobodipo.

E Zuraji

Mágó Károly

E Zuraji zhanlas sa, kade sar varikon te shugindon sa ande lake kan. Voj hatjarlas, hoj adjes varisosko bajo pecila pe. Phendas peske romeske, le Stefánoske, adjes te na zhal-tar pe grastengo foro, adjes te na zhal khatinende. O Stefán inke cino shavo sas, kana armaja das, hoj sa patjala kodolenge, kon lestar majgodjavera si. La romnja butivar majgodjaverake inkrelas sar leste thaj vi avri phenlas kadi ando romano telepo, ke barimasko sas kodoleske. Akanak chi lake chi das anglal. Ka o shifonjeri gelas, avri las pesko kalo, lungo mortjuno zubuno. Kodo zubuno feri kana thaj kana las pe peste. Ande trasta shutas sogodi, so trubulas les po drom.

E Zuraji tordjilas vorta angla pesko rom, kon duje sherenca latar majucho sas. Voj chi na dikhlas ande leske jakha. Voj khoslas feri lesko zubuno. Kana getindas kadi butji, las pe chingardel – *le shavores na inger!* O Stefán chi na das anglal, numa chumidas la romnjako chikat. So majsigo gelas-tar le shavesa kheral. O Ivan desh-u-jeke bershengo sas. O shavo vonjiko beshlas pe grastes. Trine bershengo sas, kana o dad po grast beshadas les. De adjes o grast chi sas kasavo, mindig sar so sas. Chi kandelas, hermitijas, vi vo hatjarlas variso. Kana o shavo pashilas karing leste, aba pe l' palunune duj punre ushtadas thaj chi mukhelas les te inklel les thaj kade zurales hermitijas. Maj butivar zumadasas, te shol e zen pe leste. E Zuraji khanchi chi sutas. Bara brigasa taj darasa dikhlas pala pesko rom thaj pala pesko shavo. Zhi pe kodi vrama tordjolas thaj dikhlas pala lende, zhika dichonas. Pala kodi las pe te zhal karing e xajing. Kothe cirdas opre ek vedra paji, taj shordas o paji pala lende te rakhel len pe lengo drom. Hajkam ek burnjik paji ashilas pe vedrako fundo, kodolesa thodas peske vast haj pesko muj. Peska coxasa khoslas pe.

Sar mukhle pengi cini uduvar line von te prastaven le grasten le malenca thaj praxale dromenca. O Ivan sa zumadas te resavel peske dades. Lesko dad adjes nas vorbarniko.

O shavo chi hatjarlas, sostar zhan intrego djes pe le grastengo foro te bikinen le grastes, kana aba duj djes maj angle kamle te kinen bare lovenca lenge grastes, pe kaste akak beshlas. Bute lovenca. Vi jek baro kotor phuv kamle te den pa leste. Chi kodi chi hatjardas o Ivan, sostar lesko dad opre las pesko mortjako zubuno, pe le grastengo foro, kana aba baro tatjimo sas.

Leski dej, e Zuraji, kade mukhlas les, te lel vov sama pe pesko dad. Kasavi vorba maj anglal shoha chi mukhlas leski dej pa pesko muj. Sa le dadesa xutjilasas pe, te lel sama po shavo, sar pe peske duj jakha. Butivar chi tromalas peske dadesa te zhal, atunchi zurales trubulas te rovel, taj te rudjil le dades hoj te ingrel les pesa. Lesko dad kodi phenlas – *Nashtig mukhes e shkola chi jek djes. Te na kade phires, sar le majbut romane shavora, pe Romengo telepo.*

Kana resle pe grastengo foro, o dad feri jakhenca sikadas, o shavo zhanglas aba peski butji. Tele las pa grast e zen taj o salavri thaj las te vakarij le kale grastes. Dabe nachilas ek dopash chaso, aba trin zhene kindon le grastes, ba vo chi das les. O Ivan zurales kamlas le grastes, ba chi hatjarlas peske dades. Chi gindilas pe majdur. Loshalas, hoj pasha leste shaj avel.

Le langoshengi sung andre sharadas o intrego foro, sar le manushengo chingarimo. Le manusha uladile pe trin riga. Sas kon kamlas te bikinel, sas kon kamlas te kinel, pe kadi sama vaj asharenas vaj kushkerenas le grasten, te avel majleznji e ahor. But zhene feri avenas phirkerenas thaj dikhenas.

Ek manush, nadur kathar o Ivan peske kumnatosa kecijas pe – *Me phenav tuke phrala, bikin kothe kodole gazheske kadal bogos. Shaj ke chi na trajila zhi khere. Aratji te na shutamas angle leste suluma, vi leske pashvare dichonas. Opre beshasa po zibano thaj mizmere aba vi khere sam.*

O trito manush, o gazho, bares, puterde mosa dikhlas pe lende. Chi hatjarlas chi ek vorba, ke le duj mursha romanes vorbinas. Pala kodi o kumnato kodi phendas pe ungricko shib – *Raja tjo barimo, na xoljajvi pe amende, e romnji si zurales nasvalji, pa kodi vorbindom.* Uni pasura maj dur das ek romnji chuchi peske shavores te na maj rovel haj chi las voj aminti le avere manushen.

Aba vi po chaso le desh chasura nachile, kana o Stefán thulomas haj manro anglal las anda peski trasta. Angle cirdas anda peski kher e shuri, so zurales mishto shinelas. O Ivan sama las, hoj o dad chi xal. Tele beshlas na dur lestar, p' ek buchuma, haj le jakhenca feri le but manushen dikhelas taj kucijas peski shuri. O shavo korkori xalas lasha vojasa kodo so getosardas leske leski dej.

E Zuraji intrego rat opre sas. Le nasul lindri chi mukhnas la te sovel. Nabutara, kana gelo-tar o Stefán le shavesa, vi voj gelas kaj le gavesko krisako manush. Voj gelinon majsigo, de chi tromajli le ras te ushtjavel. Le majbut manusha anda gav chi tromanas khere te roden opre la krisake manushes, chi na koran detehara, de voj shaj zhalas. Peski buxlji coxa las voj pe peste so feri kurke ande khangeri phiravlas. Pasha la hurjadas peski luludjali bluza. Po shero phandadas pesko lolo phanruno dikhlo, so sharadas lake barnave krecune bal, so sikavlas laki morchi inke majparnji. Nas la rebdija te zhukarel. Vorta kaj la krisake manushesko kher gelas. Andral inke maumno sas. Voj mardas le gradichosko vudar. Na pa dur ek parne balengo, parne shorengo manush avlas avri. Lesko pupo ditjilas tela lesko deteharinako zubuno. *So-j muri shej, s' ek bajo?* – pushlas, kana dikhlas la romnja. *Ova, raja tjo baripe* – phenel kaki pharimasa. *Av ande* – haj sikavlas o drom karing e konjha. Le raski gazhi shutas ek pohari teja angla la thaj beshlas peske pasha la konjhaki mesalja. E Zuraji chi na dikhlas pej gazhi, chi na azbadas la tejako pohari. Aba butivar shunlas hoj xal pe peske gazhesa, ke andre mukhel ande pengo kher zhuvale Romen. No chi dikhlas voj peske jakhenca kodola chingara. La krisako manush sas jek patjivalo thaj chache jilesko manush. Bari patjiv sikavlas la Zurajake thaj laka familijake. Ande leske jakha sas von butjarne thaj patjivale manusha aj kodi sas leske maj but fontosho sar o phushimo, te si von *„Zigeuner"* vaj na.

E Zuraji phendas le raske sa le detajlura pa kodo, soske trabi sas lake romes de katar unji djes, thaj hoj si la baro nasul hatjarimo.

165

Pa kodi chi das duma, hoj si la vi nasul lindri, so pale thaj pale aven. Le raske aba dosta sas le vorbi. Vo bishadas peske shaves pala vurdon, huradas pe opre thaj ek dopash chaso palal sas le po drom.

Aba mizmeri sas, o kham zurales tele peklas pe grastengo foro. O kham avri las anda Stefán sa leski zor, kana ek xarno, zhungale mosko manush avilas karing leste. Lesko perr thuljardo sas, leske punreske mashe shuvljarde sas. D'atunchara aba o Stefán bute manushen, kon kamnas te kinen le grastes, drom das. Le manushesko hango shinelas sa le kaver hangura sar ek xanro. Haj pushel – *He cigo, so manges pala tjo grast?* O Ivan aba butivar shundas kadal zhungale vorbi thaj zhanglas, save vorbenca lesko dad kasave manushenge anglal dela – *Raja, tjo baripe! Naj tut katji love, te kines kadale grastes.* Le gazhe pe kadi vorba xoljajvena thaj anda kodi vi kinena les.

Lesko dad akanak chi das anglal. Feri dikhelas vorta ande le thule manusheske jakha. Leske jakha phirde katar le gazhesko shero tele zhi ka leske kherenge talpi. E tishina but vrama inkrelas. Aba vi le manusha kon krujal tordjile, sa kothe dikhle – *He, cigo, dore chi san kashuko? Vaj tjo shavo te vorbil anda tute? Te pushav lestar?*

O Ivan pushindos po dad dikhelas, de kado chi las les sama. O dad boldas lokes peski mustaca thaj pushlas thule hangosa –*Katharutno san?*

Soski grizha xal tu karing kodi? – phenel jek kaver thaj zhal majpashe, sar kon kamel te daravel kaveres. O Stefán chi ushtjadas palpale, hanem shutas jek baro paso angle. Lesko trupo bibaxt sikavlas, de lesko hango sa kovlo sas – *Dore shaj pushav? Vaj na?* Pale akak o thulo – *Pinzhardo san mange, cigo! Kathar?*

Chi zhanav – phenel o Stefán, kasava pachasa, sar te xaxavelas le grastes – *Chi som anda kado foro.*

Atunchi sostar pushes tu, hoj me katharutno som?

Sar phendom. Te pushav slobodo-j! Vaj na?

Kathe feri kodo shaj pushel, kaske me mukhav – ushtjadas kothe o gavesko shingalo – *Thaj me phenav tuke, Attila, na o melalo cigo si tuke pinzhardo, hajkam lesko zubuno. Kodo zubuno* le Rátonyesko sas. Ande kodo zubuno nashlas-tar o biboldo peska familjasa kathar le njilashura, le fashistura. But zhene mothon, hoj jek djesesko drom akatar xutjildine len, thaj ingerde len. Chi jek chi avilas palpale. Chache si, cigo?

Chache. Sar vi mure dades thaj mure phrales le njilashura mudardine – phendas o Stefán haj dikhlas pe jek haj po kaver.

Vi kodi vorbisaren – phenel o shingalo – hoj le phure Rátonyeska raklja nashtig ingerde le njilashuri, ke le Rom mudardine la po telepo. Shaj ke vi xale la. Shukar sas kodi rakli, laki morchi parnji, sar e jazmina. Sar tu Roma ande tjire bersh shaj sas. So phendan, kathar avilan?

Mashkar kadal vorbi o Ivan feri le grastes uzharelas. Atunchi inke chi zhanglas sostar, sar o shingalo vorbisarlas, avri mardas les jek baro shil. Dar chi xatjarlas, feri rucija las les kathar le duj gazhe. O intrego gav zhanglas, hoj jekvar, kana kamle te choren e grastes kathar lesko dad, vo korkori nashadas intregone gaveske gazhen feri ekha rovljasa. Sar busholas kodi shej? Abira? – Pushlas o shingalo xoljasa. Megsan, cigo! – chingardel opre o thulo.

Rajale! So sas, nachilas, na azban la dulmutuna vrama. Kodi feri bibaxt anel – Chingardel dural e Zuraji, kon majsigo tele xuklas pa vurdon, feri kothe te resel.

Haj tut, cigo, e romnji trubul te zhutil pe tute? – pushlas o thulo. E Zuraji chi na shunlas so phenel o thulo, angla peske romeske punre shudas pe thaj manglas les rojindos, te zhan khere. Zhanglom hoj variso bibaxt pecila pe. Armajaki kali muca, pale andre avilas ando kher – haj pale dikhlas pesko suno. Lake bal sa avri pele pe phuv.

Zuraji! Mukh ma! Adjes pecisajvela, so aba de dulmut trubulas – Atunchi las sama, hoj majbari si e bibaxt, sar gindisardas. Sar dikhlas e romnji le shingales, zalisajlas voj thaj feri lesko glaso reslas lake kan, haj kethane pelas. Vramasa reslas vi la krisako manush kothe – Kadale manushes mukhen pe pacha. Vo na pasha le Rom beshel, hajkam ande le gavesko mashkar, shoha nas les khanchi nasulimo. Jekvar me manglom lestar unzhule, haj chi mukhlas te potjinav pe l' love kamato. Chi vrama chi das, hoj kana te dav le *palpale. Me mishto tordjuvav pala leste thaj dav garancija pala leste* – Vi majbut vorbisardo, ba o Stefán le jakhenca manglas jertimo. Jeke xutjimasa angla o shingalo avilas, avri las andaj kher peski shuri thaj vorta ande le shingalesko jilo pusadas. *Kadi pala muri familija* – Chingardas.

Le Ivaneske dades pala jek kurko, le thules pala duje kurken opre umblade. Chi kodi chi zhutilas le Stefános, hoj anda o gav but zhene tordjile pasha leste, thaj phende hoj o shingalo thaj o thulo rodenas po cheri, pej phuv le Rátonyeski familija ande 1945-to bersheski primavera. Kana rakhle len, sakones mudarde. Kothe pe Romengo telepo, ando shanco pushkedine len. Jekh ashilas numa, e cini rakljori kaktar e familja Rátonyi. Vi le Stefánoske dades thaj leske phrales, mudardine maj sigo sar so zhanenas te nashen. E Abira ande le Stefánoski familija trajisardas perdal. Le Stefánoski dej opre barardas la, sar peska sha. E shejori, soha chi mukhlas peska njeva familija. Kaver anav las opre, ba kodi vorba, so resel, ashilas. Kana perdal dikhlas anda le balengo olo, sar mudaren laka familija, aba na *Abira* sas, so pe hebericko shib katji avel: *Zuraji*.

O bal
Samuel Mago

Chi seroj kana shutem ekh paso angla muro kher. Vi la
vramasa po slabo punro tordjuvos. Butivar e zhuvlji, kon pasha
mande beshel, la shilavasa malavelas po zido, kana rjate ushtavelas
la muri muzhika le pianosa. Punranglo beshos kaj o piano thaj
mindig jek gilji khelos. Chi azbalas ma chi kodi, ke mure punrenge
naja morconas le pedalonge shilestar. Le sheranda thaj le perini
po matraco intja v' intja sas shudime. Trubulas te hodinav ek cerra,
pala o but sovipe. Pilom ek cerra paji anda e taxtaj, so pasha mande
pej phuv shuti sas. Le pajesko izo anelas po praxo, po meso thaj
po ushar. Le zidura galbeni sas le thuvalenge thuvestar. Fotografiji
kalo-parno, amendar do zhenendar opre kacome sas. Sa le glindi
tele sharadom poxtanesa. Kade gindinos, hoj darav tutar, ba shaj ke
majfeder korkorri mandar daros. Kadi kali briga, so kurkenca xalas
ma, feri suno t' avilon? Pala kodi sama lom po piano ek salo bal.
Kodo lungo barnavo bal, so aba kothe shaj sas kurkenca.
Xutjildas ma ek sung, so sharadas e khand munri thaj v' e khand le anrengi,
so rumusajle ando charo pasha mande. Kade xoxadom ma man, hoj
kathar la thuvaljako thuv shordjon mure asva, taj na kathar e trush
pala tute. Pala kodi xatjaros ma kade, sar bajo kam avela pre ma.
Ushtilom, najilom, huradom ma taj gelom avri pej vuljica.

Le vuljici ditjonas mange varisar aver-zhandes. Sa so sas
trujal ma sas mange strejino. Mashkar le manusha kon sidjarnas krujal
hatjaros ma nasvalichoso sar jek strejino manush. O kavehazo, kaj
zhos, feri duj, trin kolcura dur sas mandar. Aba kurkenca chi somas
kathe. Gindij desar tu gelan-tar aba chi somas kathe. Kurko shaj
sas, ke feri unji manush sas andre thaj chi pinzharos chi jekhes.
No kodi sa-jek sas mange. Avri krujisaros o kavehazo, ke zhanos,
hoj sakon phushela ma, thaj sunuja ma. Rucisarde ma le amalenge
shushe vorbi, lenge shushe phenjimatura, hoj von sa zhutina pe

mande, thaj muri grizha kerena. Pala kodi chi na akharen ma opre. O majnasul kodo sas, hoj ando kavehazo pa sakofalo tu avilan ande muri godji. O kirchimari bare jakhenca dikhelas pe mande, shajke kodi gindisardas, hoj pe kaver than gelom te beshav, vaj dromisardom, vaj dore mulom. De, vo zhanlas sa. Dikhos kodi pe leske jakha, ba chi ek vorba chi phendas. Kade, sar siklo sas, ek kaveva thaj ek bari taxtaj paji kamlas te anel, ba me ek taxtaj loli mol manglom. Ba e vrama inke njevi sas pe kado, ba man chi azbalas.

E vrama zhalas, thaj me feri sar o kasht dikhos ando khanchi. Pe kodi gindinos, hoj che nasul-i bitjiro. Nas kodo tjo asajimo, vaj tje vushta so rodos. Chi na tjo trupo. Nasul sas, ke na chingardes manca, thaj chi na chingar keresas manca. Sa kritika keresas. Butivar xasas amen. Seros, jekvar dan ma ek palma. Shaj ke kothe sas la palmako than. Shoha nas ma chachimo. Seroj po Zagreb, Triest, thaj pe Praha. Pe kodo chorro xumer, so kinadan manca, kaj duj chasi, pala dopash ratji, pala kodi xutjilos tjo shero, ke shandan. Pe kodi, sodevar colaxardam, hoj shudas e thuvalji thaj pala duj-trin kilovura pale opre phabardam. Akanak kodi dikhav, hoj o kirchimari pala jekh-avreste uzharel le thuvaljenge vasura. Kade shaj dikhos avri, sar kon korkorri trajil and'ek vesh. Vi kade hatjaros ma. Vi akanak hatjarav tjo dji, so kathe mukhlan, thaj phabarel ma, sar o benzino, so chi zhanen tele te thoven chi trin taxtaja molja.

Kade gindij, hoj avral aba tunjariko kerdjolas. Seroj pe kodola but zubunura, so pe 'k slabo akastovo kecime sas. Inke sa ando kolco beshos, po pado. Chi somas mato, feri le manushengo bashaimo zalisardas ma. Von cirde man tele. Vaj boldines sas. Sar te si.

Andre avilas ek shej, palal gelas, te dikhel si kothe slobodno than, hoj pinzharel varikas, ba sigo palpale avilas. Avral aba shil sas, ba pe late milajeske gada sas. Kasavi sas laki farba, sar o kishaj bute cine luludjanca. Majna kasavo, sar me kindom tuke po milaj ando paluno bersh thaj so chi jekvar nas pe tute. Dikhos pala late, sar te avilon korkorri ando kavehazo. Chi inkrelas but vrama, pe mande dikhlas, thaj asajlas. *Slobodo-j kado than?* – pushlas, thaj sikadas pe jek skamin so inke slobodo sas ande intrego kavehazo. Kethane trubulas te kidav ma. Sar te lazhos, hoj sar dikhav avri. Chi avnas ande muri godji le vorbi. Numa le sheresa sikadom thaj voj tele beshlas. Kodi phendas, chi ashola but vrama kaj muri mesalja, feri zhikaj chi resen kathe lake amala. Pela peski kaveva thaj vi zhala. *Ova, shaj* – phendem. Kadal sas le anglune vorbi, so zhanglom te phenav. Thaj me garadom muri faca pala ek zhurnalo.

Me feri dikhos pe late, nashtig kerdom kaver. Kon zhanel, sar dikhlas avri, ba me kade seroj, hoj kasavi sas, sar tu. Feri la nas avri makhle lake jakha, kade sar tuke. Tu majlungones cirdesas avri tje jakha. Tjire vasta sa izdranas. Pe lake moski stungo rig sas ek dejako somno. Vi ande kadi kaver sas, sar tu. Voj pilas ek cerra andaj kaveva, shutas la tele thaj pushlas – *so ginaves?* Chi hatjardom so pushel. *Zhurnalo* – phendom. *Na, na pe kodo gindisardom* – phendas, thaj pe mesalja sikadas, kaj ek knjiga sas. Ginidij ek *Schnitzler* vaj ek *Hofmannsthal* shaj sas. Ande vorba maladjilam. Phenos, hoj pa so vorbisarasas, de chi seroj, ba chi patjav, hoj sas varesavi bari vorba. Pala kodi manglas mandar ek thuvalji. Kothe kamlom te anzarav lake e mashina, ba voj azhukarlas, te me phabarav lake.

Lake amala chi avile. Me kade hatjardom, hoj chi bunulas. Chi pa e luma chi zhanglomas te phenav so shaj dikhlas voj ande mande. Chi som nasule mosko, zhanav, ba ek cera, majshuko somas atunchi, sar kaver data. Ba akanak chi somas voniko. But asajlam. Kado aba chi kerdom pune but kurke. Gindij, desar gelan-tar. Chi vorbindom pa tute. Chi patjav te maladjol, hoj eke streinoske po angluno maladjimo pa kado te vorbij. Shaj ke chi shundjol mishto, kade lom sama, hoj pale shunav le forosko, le kavehazosko chingarimo, so zhi akanak chi shundom. Thaj vi le benzinoski sung avri gelas anda muro muj. Chi zhanav, hoj kadi anda kodi sas, ke pe tute serolas ma, vaj numa voj sas o angluno manush, kasa anda chacho jilo vorbisardom duj-trin vorbi. Manglom inke jek kaveva thaj paji. Varikana phendas, hoj sunuj, ba trubul te zhaltar. Kadi vorba, hoj sunuj, asajimo andas pe muro muj. *Hajkam inke shaj dikhas jekh-avres varikana* – phendom. *Shaj akharav tu?* – pushlom, te na avav lake chi ek semo simpatikushi. Naisardas, asalas, taj gelastar. Bisterdom, te pushav latar, sar resel khere. Pala kodo pe kodi gindisardom, hoj sar mukhlom tut te zhas-tar, kana palunes xalam ame. Hoj sar beshlan andre ande tjo vurdon. Pala kodi po mato tradari gindisardom, kon vorta atunchi gelas perdal po lolo, kana tu pe chachi rig boldan tu. Pe shpita. Pe tje brigake phure thaj pe amaro shusho kher.

Kana o kirchimari andas e samla te potjinavel ma, sama lom, hoj tele mukhlas la shaki kaveva. Duma dom, ba chi hatjarlas. *Ba numa jek pilan* – phendas. *Ova, ba...* – dikhos pe leste bihatjardos, thaj opre kamlom te ushtjav, kana dikhlom o salo bal, pej mesalja. Opre vazdom les, avri phuterdom le kavehazosko vudar thaj avri dom. Chi zhanav sar, jekvar aba kothe somas kaj kodo dromesko trushul. Tordjilom. E lampa pale loli kerdjilas. Avri gelom pe dromesko mashkar thaj peradom o bal. Aba maj but chi trubulas ma. Ke inke kathe sanas.

Ek minuta
Mágó Károly

O Mario kade nakhlas perdal e uchi bar, sar te huralas. O jek punro angle, o kaver palal shutas, kade hatjarlas pe, sar te najilon ando lufto. Kado momento na inkrelas but vrama, vo zurales loshalas kadala minutake. Inke chi atunchi chi hatjarlas kade, kana droga sas ande leste. Kana palpale dikhlas, gindisardas pe, hoj palpale trubulas te boldel pe, thaj khelel pes ek cerre le xanrale shorvaleske gazhesa, kon nashel pala leste. Nas les dosta troma thaj nas chi vrama. Hatjarlas hoj leski chang pusavel. Tele dikhlas, lokes, de avel aba anda late o rat. *Kana xutjildom shaj dukhadom ma* – gindisardas. Chungardas ande pesko vast, thaj khoslas lasa peski chang. Le vurdonesko radiovo, so majinti kade sigo bikindas, sar so chordas les. Azbalas les, hoj kaske bikindas les, ande lesko kher but rachura sas. Kamlas te muntusarel pes. Dikhlas hoj ande la sobako kolco shave khelenas pe *playstation*. Jekvarsa o mursh, kaske bikindas, opre vazdas les kathar o muj pa skamin. *Te na avel ande tji godji hoj kathar chorres, tu cino zhuvalo lelenci* – Kade kikidelas lesko muj, hoj chi ek vorba nashtig mukhelas vi te manglon. *Kathe si trin miji, thaj kide tu* – phenlas o manush, kon pherdo sas tetovalashesa, thaj avri shudas les po vudar.

Chi na garudas le love, ando vast inkrelas, thaj ande Diószegi vuljicako chorro, pharrado kher, pe opruni etazha gelas. P'ek feljastra mardas. Maj anglal feri lokes pala kodi maj zurales. *Chi zhanes, so te keres tusa, dila shava?* – pushlas ek manush, kon avri avilo. Kasavo shuko sas, sar jek kokalo – *Vi man si korkoricko trajo! No, av andre!* Ando kher ekha dopash nanga sha las sama. *Na dikh mura kamadja* – chingardelas perdal la teknokaka muzhika o mursh thaj shudas ek khosno pe shej, kon zaljisardji sas aba – *Tu hurav tu opre!* O Mario chi las aminti chi la sha, chi kavera butja, so andre sas, jek komoda taj jek *TV*, de vov chi dikhlas ande khanchi. Chi xatjarlas, sostar phenen le shave p' ek shej, kon zhal pasha lende, hoj – *ba super thaj seksi si*. Jek mobiltelefono, vaj ek vurdon so zhanglas te anel, kodola si super. Ekh zhuvlji? Anglunes trubul te shunes lako glaso thaj te sungas la. La lumaki majshukar zhuvlji sas le Mariovoske e Erzsébeta. Kana phenlas le shavenge, hoj sar izdral thaj so hatjarel, kana si lo pasha late, aba avri asanas les. Shonenca prasanas les. Kodi phenenas, hoj le phure zhuvljan kamel. Hajkam nas le chachimo, ke vo la zhuvlja chi dikhlas angla peste, ando suno nanges, feri hatjarlas variso ek xandjimo pala e thulji zhuvlji ande konjha. Sar pe Erzsébeta gindisardas, tele shutas le love pe mesalja thaj parudas le pala duj cine chisa, ande so droga sas. Mukhlas o kher bi te na del lasho djes. Ando Népliget – e foroski bar – ingerdas les lesko drom and' ek chorrikano, phagerdo kher. Lesko drom skurto sas, ba vo kade hatjarlas pe, sar but vrama nakhlon. Tele khoslas pa peste le paja, so aba shordas, tele beshlas pe phuv thaj pusadas pes.

***

Pe shukar zeleno rito ushtjilas opre. O kham, so pashal sas leste, shukares pekelas les. Kade hatjarlas, sar te avilon les muj thaj jakha, thaj baro fimlajimo krulal leste, sar kana ando kindergarteno rajzolin le cine. Mishto hatjarlas pe. Nas les dukh, chi po punro, savo maj anglal ratvalo sas, nas khanchi. O shebo pe lesko punro ma nas maj but. Pe kodi gindisardas, haj shaj ke chi kodol shindimata chi dichon pe leski kuj, so atunchi kerdjile, kana inke shavorro sas. Kadal shinimaske semnura sikavenas leske, hoj kathe kamlas aba te mukhel e luma, kade sar si. Tele shudas pa peste o zubuno, opre cirdas le parne gadeski baja, haj chi dichonas kadal shinimaske semnura. Duj-trin maladimata hatjarlas. Anda leste, vaj krujal avile, chi hatjarlas na azbalas les. Gela-tar. Kasava zorasa, sar shoha.

Sar zhalas, hatjarlas hoj naj pharo. Tele dikhlas pe l' papuchi, sama las, hoj njeve vonjika papuchi sas pe leske punre. La shibasa chetintindas jek, loshajlas le papuchenge. Vov shutas inke unji pasura thaj reslas ka kodi chorri koljiba, kaj opre barilas, zhikaj efta bershengo avilas. Kathar ingerde les pala o angluno chorrimo ando lelenci. Bari baxt hatjarlas ande intrego trupo. Leski dej angla o kher tordjilas. Nas matji, sar butivar, haj majternjake dicholas. Sar palpale boldas pe pale, phuri, shuki, haj bidandengi kerdjilas. Chi zhanglas vorta te zhal. Pale matji sas. O shavo jek-duj perdal xutjildas e bar. Aba ande lesko vast sas e haravlji, so butivar hatjarlas pe pesko dumo, kana cino sas. Chi na pushlas khanchi, po muj shindas peske moshtoxone dades. Thaj Inke jekvar. O muj leske moshtoxone dadesko pe retjija thaj pe aver chorrimo khandelas. Pe chang pashljardas les thaj kade marlas les, zhikaj lesko parno gad chi shindjilas tele pa leste. Pala kodi opre ushtjilas thaj gelas ka peski dej, kon pale ternji kerdjilas. Chumidas la. Kamlas te ashol inke, ba nas les vrama. Feri duj-trin pasura shutas thaj kade hatjarlas, hoj ek nashado gindo sas, hoj shaj das palpale peske moshtohoske, so vo les das.

Le lelencesko trajo majfeder dukhalas leske. Vi le farbe majfeder hatjarlas. O baro sastruno vudar kokoro avri phuterdjilas, kade, hoj chi na unzolas leste. Pe udvara shavora khelenas. Sar te pinzhardon peske dulmutune amalen thaj pesko purano *ego*, pe vrama kana inja bershengo sas. Le shavora nashkerenas. Chi na line les sama. Pala le burr nashle. Hatjarlas le duhanoski sung, sar opre phabarnas thuvalja. Ando kher dikhlas e Zoli baches sar tele pizdas peske sostja. Kathar lesko zaralo trupo las les e graca. Dural shundas jeg hango – *Na mukh les! Xuti les zurales! Zumav pale! Inke jokhar!* Chi na shutas but aminti.

Chi das duma. Sar le jakhenca lezerosko fimlajimo shudelas avri. Le Zolesko kar pe phuv maladas. Pe leske kareske gracake mortja ushtjadas maj butivar. Loshasa dikhelas le kavreski dukh. Punrenca ushtadas thaj ushtadas pe leste sode zhanglas. Anda lesko nakh shordjolas rat. De le Marioske shukar njeve papuchi ashile uzhe. Bi vorbako tordjolas kothe jek vrama thaj dikhelas porrade jakhenca le Zoles sar njivijas dukhendar. Pala kodi avri das anda kher. Ekhe shingalesa maladjilas, anda oxtoto forosko becirko. Butivar ingerde les kathe andre. Kade hatjarlas, sar sa majphares zhal. Pale hangura shunelas – *Na ushtji andel suva! Xutjil lesko vast, le sama, xasaras les!*

O Mario krujal dikhlas. Chi jek suv katinende! But bersha haznijas suva, akanak angluni data chi na chi trubunas les. Chi na marnas les avri le paja, te pe kodola duj-trin minuti gindisardas, sar ande roj opre tatjarel e djela, opre cirdel la ande suv thaj maj ande peste pusavel la. Zurales mishto hatjarelas pe, sar shoha ande kodola 16 bersh so nakhle.

Ande lesko vast akanak ek mitralezo kerdjilas. Sar angla la policiako vudar o xanralo zhanlas te del duma, vo aba pushke das. But zhene avri nashle anda kher. Sa mudardas len. Opral pe lesko shero numerura avile. E vrama thaj le mulen sikavnas. 22 manushen mudardas aba. Kado chi xalas les vast. Feri kodo sas lesko pharimo hoj e vrama nakhelas, but sigo nakhelas. Majphares kidelas o lufto. Aba bilashes sas, kana andre gelas pe policija. Po zido karfina, thaj kanreske sirmi sas kikide. Anda lufto nange vasta avnas karing leste. Sa les kamnas te malaven, de, ive Devleske. Ande soba tordjolas ek thulo, shuvljardo shingalo. O sherutno sas.

Le Mariovos but palmi chi resle, avri krujisardas le. Pala kodi tele las pa pesko dumo ek bari granata, shudas la thaj das la jag. Vorta ando mashkar. *You win* – sikadjilas opral po shero. Vo boldas pe thaj das avri.

Aba na le slabi shportpapuchi sas pe leske punre. Vo parudas le pe bare khera. Kasave, sar le astronauti phiravenas po shonut. Dabe zhanglas o jek punro angla o kaver te shol. Aba tunjariko sas kana das anda kher. Nas le khames zor. Sa peski zor kethane trubulas te kidel, pala panzh-shov pasura, zhikaj Erzsébeta.

Zurales khino sas. Bizorako das ande la gajzhaki angalji. *Kidav inke ek cerra. Bokhalo shaj san. Baro drom kerdan, lasheja!* – phendas e zhuvlji. Nas les zor, opre te vazdel e roj. E Erzsébeta zhutilas thaj xaxavelas les. Giljabelas leske peske kovle hangosa. Majshukar sas, sar varikana. Chi jeg data chi hatjarlas pes kasavo phareske thaj kasave lokeske. Ashilosas. Lasho sas o xaben, le kovle vasta thaj hoj palpale shaj das sakoneske sar so phirel. De trubulas te zhal. Ande zhuvljaki vizitka xutjildas pe, kade cirdas pe opre. Le hangura sa majlokes shunelas. *Mukh les! Na resel khanchi, chi zhanes te zhutis pe leste!* – pale zhalas. Ek baro fimlajimo kerdjilas opral pe leste – *Finish: gata!*

Feri unji pasura. Feri katji – Gindisardas. Chi zor, chi vrama nas les palpale te dikhel. Pe kado so nakhlas, pe kado so sas te del pe godji. Trubulas te zhal.

Khel manca

Samuel Mago

Voj pushlas ma, hoj kamav te khelav thaj me *ova* phendom. Nashtig phendom kaver. Chi kamlom te avav kasavo, sar but shave, so anda e shkola pinzharav taj naj len amala. Von beshen feri khere, ke daran avri te khelen. Phendom lake – *ajdi, te khelas!* Intrego milaj nashkerasas. Majbut nashkerasas ande kodi khereski avljin, so anda lole ciglende opre cirdini sas, haj kodi sas ande *Andjel* vuljica. Varisar cerra vi zorasa cirdas ma voj tele ande pinca. Ande kodi tunjariko pinca khonjik chi tromajlas tele te zhal, ke o Janos jekvar phendas hoj kothe mulas varikon. Taj kongodi kothe jekvar tele zhala, majbut aba chi avela palpale. Numa voj feri xutjildas muro vast thaj cirkerdas ma tele ando tunjariko. Ek cerra daros, de chi sikavos lake, anda kodi, ke chak khelasas. Feri kheljimo sas. Thaj varikana avilam pale avri.

Sakofalo, sa so amen le trajostar zhukarasas, khelasas. Jivalo jivend thaj lungo tomna. Daba khanchi nas, so chi kerasas, so chi khelasas. Piasas thuvalja taj kasavi tea piasas, so chi dichol, thaj chi dam duma karing jekh-avreste, sar kodo v' ando trajo shaj pecil pe. Thaj kade khelasas, sar te avilamas barvale, de feri p' ek skurto vrama. Kadej sar e phuri zhuvlji anda Bankut. Lake mukhlas lako nano but barvaljimo thaj voj sa getondas ando kasinovo. Vorta kade xaljam vi ame sa le love.

Pala kodi khelasas, hoj chorre sam. Kasave chorre, sar o Pali nano, kon majangal le manushenge la biciklasa e poshta ingerelas. De jekvar aba pelas vov, phaglas pesko punro thaj xasardas peski butji. Kade khelasas hoj decemberi-j. Atunchi sa bare shila sas. Nas ma butji, thaj nas amen love te keras jag. Kasavo khelasas, hoj gelam ando zalaghazo, kothe mukhlam laki simadji. Ando kheljimo zhanasas, hoj vi shaj bikindamas la, ke aba zhanglam, hoj shoha ch' avna ame katji love te las la palpale. Ba andre dam, ke ando kheljimo vorta kade zhal. Pala kodi, pharo dji cirdam thaj ande chorre gadende hurjadiljam. Chorre, pharrade gada, so aba khanjikaske chi trubun, so kothe rakhlam ande l' Andjel vuljicaki pinca.

Jekvar khelasas kaj e kuch kali meselja, so anda ebenfako kasht sas. Me barikanes pe mesaljako shero beshos thaj bare patjivale manusheske keros ma, sar ek chacho mursh. Shoha chi shorlas voj but lufto ande muri taxtaj, ke zhanglas aba ke chi som le pimasko raj. Voj chi kamlas te matjuvav ando kheljimo. Ke atunchi, kana taj kana phagros lako kashtuno escajgo taj shinos les le faloske. Atunchi sas lake te rovel, feri chi tromajli. Anda kadi chi na shorlas mange but, thaj me chi xoljajlom lake, ke zhanglom, hoj voj kade kamel te khelel amaro kheljimo.

Unjivar khelasas ke zhas amenge po drom. Hajovosa thaj rajikane vurdonesa. Jekvar musaj sas te tradas zibanosa. Voj chi hatjarlas, sostar ando zibano o than cerra sas thaj nashtig beshasas tele. But vrama inkerelas o drom. De atunchara chi na kamlam majdur te khelas, ba zor taj sila trubulas. Kasavo sas o kheljimo. Thaj sakon kade khelelas les. Sakoneske zor taj sila sas. Loshasas, kana agorisajlas thaj shaj shudam tele pa amende le chikosha, rajasle ratjake gada.

Pala kodi khelasas krechuno. Thaj kade, hoj rom-romnji sam. Thaj familija. Thaj shavora. Thaj amare sune, so jekvar sas ame, apal nas. Jekvar voj sama las, hoj le zaloghazosko papiroshi katar jek majpurano kheljimo aba tele phirdo sas. Me kade kerdom ma, sar te na lomas sama, hoj kurvavel ma. Le Jánosesa. Hajkam kodo pecimo, so vov pala e pinca vorbisarlas, nas chachimo, thaj me pale somas dosta tromalo tele te zhav lasa ande pincako tunjariko. Ande kodo kheljimo vi rovos. Vi voj kamlas te rovel, ba inke chi akanak chi zhanglas te rovel. Atunchi sas amaro kheljimo kecavo ke hatam kadala kheljimata jekh-avresa maj but chi kamas te khelas, de chachimasa inke zurales kamasas. Dikhasas, sar amare shavora khelen. Sar opre baron, thaj majpalal feri krechune taj patradjako dikhen amen. Pala kodi kade khelasas ame, hoj zhan taj nashen le bersha, parnja kretasa parnjarasas amari faca, e vrama mijni vurmi mukhlas, amare bala parnjile. Pala kadi ande l' murmunci, so-j ande *Kerepesi* vuljica, tele pashljilas pe phuv thaj zhukarlas mandar hoj te khelav taj te sikavav sakoneske ke baxtalo som. Ba chi somas baxtalo. Korkori aba maj but chi kamlom te khelav. Kade pasha late pashljilom. Zurales shil sas mange. Majbut sar atunchi, ando decemberi, kana khelasas.

Pala o poemo ‚Akarsz-e játszani' kata o Kosztolányi Dezső.

E palma
Mágó Károly

O Ernő chi zhanglas te phandel peski kravata. Paluni data zumadas te phandel la shukares kana sas inke shavo. Akanak majbut chi zhanglas te phandel jeg shukar kombo. Leske naja sa izdranas. Xoljame cirdas e kravata anda peski korr, haj shudas la pe phuv. Kade avilas leske, sar te dikhlinon ande glinda e faca leske mule dadeski, kaj sas sa xoljariko. O telefono bare glasosa bashilas. Ba azhukarlas intrego djes te akharen les opre, de akanak aba jek dar las les. Leski romnji aba desar ek kurko ande shpita pashljol. Shavoro inke chi kerdjilas lake. Leska romnjaki phenj akhardas les opre. *Phen aba!* – cipindas o Ernő pe late. *Shejori!* – avilas palpale e vorba. Kerdjilas leske sar te mukhel les sa leski zor. Sa baxtales las te beshel peske ando foteli. Aba majbut vorbi chi resle leste, so vorbinas ando telefono, feri katji shundas inke – *Atunchi maladjuvasa ande shpita Ernő!* Vov naisardas, haj tele shutas o telefono. Pala kadi aba kade precizno zhanglaste phandavel peski panruni kravata pe korr, sar ek inzhineri. Vov hurjadas pesko vuneto, anda mugljaki morchi kerado baro zubuno thaj las pesko maj shukar kolopo. Avri das pa vudar, tela leski phak leski lavuta. Le gradichura dujvarsa kidelas, ande peste inke vi giljabelas thaj kade avri das pe vuljica. Shaj gelinon vi le tramvajosa, numa chi kamlas te azhukarel. Perdal gelas po *Körút*. Po drom majna tele pelas pa lesko shero o kolopo, de majsig sar so dela ande chik taj ando jiv, aba xutjildas les taj shutas les palpale pe pesko shero.

Po *Bakács* placo shutas eka phurja kuldushkinjake duj forintura ando vast maj sigo sar voj zhanglas te mangel lestar. Pe la vuljicako kolco ashadas peske pasura, hoj te kinel guglimata taj kathar o baro kashtuno vudar das andre ande shpita. *Kathe feri kado jek vudar si, so shukar-i, thaj vi muri shejori* – gindindas ande peste. Kabor losh sas ande leste, hoj avri beshlas pe lesko muj. Andre reslas.

La lumako dujto marimo, thaj e 56-eski revolucija jek bersh maj anglal kerdas bari paguba ando kher. Majanglal zurales shukar sas kadi shpita, so opre vazdinde la ande 1880-utne bersha. Le Ernővosko dad bare love das, hoj peska romnja sa kathe te anel, kana shavoes azhukarlas. *Le anglune shov romane shavora, kon kathe rakhadjile* – phenlas o doktori, kaste le shavora arakhadjile. O dad nas xoljariko pej vorba, vov loshalas taj sas barimasko, hoj vo vi kadi zhanel te kerel. Po dujto etazho opre reslas, taj vorta karing leste avlas o doktori – *Oh, tavarish Radics. No pale majbari kerdjilas tjiri familija. Bari gratulacia! Tu, tje panzh phrala thaj akanak tji shej... Feri kade, majdur. Trubul te barol amaro them, pe lasho drom san!*

Raja doktor – das o Ernö angla, aba chi kamlas e vorba *tavarish* te lel ande pesko muj – *Sa mishto-j mura cina shejorasa?*

Sa mishto-j, de andre, tji romnji hodinil pe – phendas o manush.

Pala kodi o Ernő das and'ek cini soba, kaj shov khine deja pashljonas. *T' aven saste thaj baxtale* – das len o Ernő jeg lasho djes, vazdas pesko kolopo, haj mishkisardas pesko shero – *Dragone! Opre zhanes te ushtjes?* E romnji pe vorba *dragone* bari dikhlas, ke nas sikli, o rom kade te phenel lake. Chi na las sama hoj lako rom andre avilosas. Voj las pe peste pesko ratjako zubuno, haj lokes ushtjilas opre anda pato. *Azhukar, te zhuij pe tu* – phendas o Ernő thaj xutjildas la phiketar. Kethane azhukarnas la grizharica, kon pe ek purano cino vurdon, avri cirdas la shejora. O rakhadjimo tele gelas, nas khanchi dosh, feri e romnji ek cerra slabo sas. Kothe reslas la grizharica la cinjorasa. E Julika las la cinorra ande angalji. *Le sama! Te na peraves la!* – phenel o rom – *Kado cino vurdon, pe so avri ande la cinja, majphuro-j mandar.* Chi azbadas karing leste. Leski romnji pe leste dikhlas, xutjildas lesko vast, thaj shukares phendas – *Na dara. sama lav. Kasavi si e cinjori, sar te tut dikhos* – phenlas. P'ek minuta bari pacha las len krujal. Thaj chi na das vrama le romes, ande lesko vast shutas la shejora, kon sovlas. Pe peski kuj hatjarlas peska sha. Kade beshnas ande pacha, bivorbako. E romnji khines, o rom asandos. Majpalal e cinjori las te rovel. Las la e romnji andej angalja. *Kado buzhanglo sastjari aba pale tavarisho phenel*

184

mange – phenel o Ernő – *Kade kerel pe, sar te na cirdomas leske dulmut leski gilji. Hajkam kodi gilji nas slobodo te giljaben. Majna ande temlica shutinon ma. Kade chingardelas, majna kashukajlom. Atunchi raja grofona, kade akharavelas pe, apol nas grofo, akanak pale tavarishozil, inke vi pesko anav parudas. Akana bushol Kovács...*

    Ernő, dragona – phenel e romnji lokes – *daraves la cinora.*

    Chachimo-j tu – phenel o rom. Inke ek cerra beshenas pasha jekhavres ande pacha, haj pala cini vrama phenel o Ernő – *Trubul te zhav. Majna bisterdom. Andom tuke phanruno guglo, so kade kames.* E romnji naisardas leske. *So trubul tu, de duma la Icasa, voj sakofalo anel tuke andre. Chumidav tu* – thaj shimitindas la romnjako shero. Aba majbut zhene avri dine anda e soba.

Sar avri avilas anda e shpita, gindisardas pe, hoj chi zhal tramvajosa, feri phujatar zhika o Royal Hotelo. O kham das avri kata l' nuevura de pale capeno shil sas. Andre ushtjadas andej chik. Andaj posotji avri las pesko posotjako dikhlo thaj uzhardas lesa peske papuchi. *Maj ando hoteli do duj rupune le shaves, thaj vov uzharela maj shukares mure papuchi* – Pe kodi gindisardas, hoj soski bari baxt si les, ke shejori rakhadjilas leske. Ekhe shavesa majcapeno trubul te avel o manush. Eka shejorake chi trubul te phenes hoj te na xutjel opre pe le tramvajoski palunji rig, thaj kade chi kinel bileta. Muri shejori chi na xutjela opre pe le tramvajoski palunji rig kade sar me, kana cino somas – gindisardas. Pala e panzhto stacija tela peski phak kikidas e lavuta thaj huljilas tele. Zurales but zhene sas o drom. Vi panzh vurdona nashle pasha leste, daba zhanglas perdal te nakhel po drom.

Ande le hotelesko restorano lasho tatimo sas. Anda e banda inke khonjik nas andre. Vo manglas peske ek kaveva, thaj beshelas peske pala e cimbalma. Avri las peski rupunji dosnija taj phabardas peski ek thuvalji. Kamelas lokes te pel anda e kaveva, thaj anda o angluno thuv te cirdel ek lungo lufto. De, adjes aba pe kaver thanende phirde leske gindura thaj kadi sama las vi o Robert, kon angla leste shutas e kaveva. *Lashi-j tji voja* – phenel o pinceri. *Va, si anda soste*

– mothos asandos – *Jek but shukar shejori rakhadjilas mange!* – phenel o rom. *But zor taj sastjimo te del la o Del! Adjes anda kadi inke voja kerasa!* – phenel thaj zhal-tar majdur pe peski butji.

Pala fertalj chasi aba sakon kothe sas andaj banda. Inke vi o Déki bachi pej vrama avilas pe kodo djes. Anglunes, inke chi lenas pe te cirden e muzhika, o Ernő kothe boldas pe ka bange dumosko phuro manush, kon angla e cimbalma beshelas – *Shun kathe Józsi bachi. Chi bunuj so phendom o kaver kurko, adjes shaj pes, sode kames.* Le parne balengo manush lasha vojasa xutjildas karing e butji. O brachashi ande peski lashi voja kade kerlas, sar te khelelas. Kadi butivar kerdas ande ratji. But pilas, na azbalas les, hoj le manusha les dikhen.

Aba vi desh chasi nachilas, kana pauza kerdas e banda. Zhi kaj kodi vrama feri pe katji tordjile, hoj pile jekh pe cinjorako sastjimo. Tele shute pengi lavuta, thaj zhanas karing o pulto. Le manusha kon te xan gele andre, aba geletar. Unji mesalja ashile feri. Kana pasha lende geletar majbut zhene opre vazde penge taxtaja, thaj chingardenas – *Te trajil but vrama tji shejori tavarish!*

Kaj o pulto oxto taxtaja azhukarnas la banda. Inke khonjik chi das duma. O Robert opre vazdas e taxtaj – *Te trajil e cinjori Radics, kado rundo me potjinav.* Sakon tele cirdas. Pala kodi o Ernő manglas ek kaver rundo. *Akak feri efta. Inke butji trubul te kerav* – phenel o Robert. *Trubul e pustija* – phenel o Ernő, haj sikavel le vastesa, hoj oxto konjakura te anen.

Pe kado minuto kothe reslas o shefo anda ofiso. Le Ernővos kas inke katji vrama, te losarel e vorba – *Na xoljavi, inja taxtaja an!*

Chi jek! – phenel o shefo, kaske aba chi boldelas pe leski shib. Nasules mezijas avri. *Chi jek* – thaj pesko vast ando lufto kerkerelas. *Chi jek pune me som kathe o shefo* – Le Ernővos chi fajlas kadal vorbi, ba lashi voja sas les. Ba o Dezső pherasasa kamlas te malavel kadi butji. Lel pe, sikavel kaj o klarinetoshi thaj phenel le shefoske – *Naj bajo, maj o pikulashi perdal lel tji bolta.* Kade asalas, hoj chi zhanglas andre te phandavel peski vorba. Sakon asalas lesa.

186

Te si tu troma feri ek pimo avri te des, tehara aba chi trubul te aves ande butji – phenel o shefo le pultosheske – *Anda kodi, ke eka romanja lumnjasa majbut si, chi trubul te mulatinen.*

So phendan? – pushlas palpale o Ernő loljarde mosa. *Eka romanja lum...* – O shefo chi zhanglas andre te phandavel peski vorba, ke o Ernő bara zorasa shindas leske ek palma. Haj inke jek.

Kaver djes ando Royal Hotelosko restorano e butji thaj o trajo zhalas majdur, sar majanglal. O Ernő pej meselja shutas peski rupunji doznia, pasha late e mashina, thaj pala kodi pilas anda peski kaveva. Inke kodi ratji o Déki bachi kade matjilas, hoj pale trubulas te len lestar o pimo. *Kadi si sakofalo ando majbaro lashimo* – gindindas o Ernő, ba kade gindilas, hoj majbut chi dikhela kado hoteli. Shaj ke shaj avel andre, ba numa sar strejino, ba katji love naj les, andre te beshel. Nas cinji e traba te des palma le shefos. Kade kamlas te losharel pe, hoj e romanji gilji pe sako than romanji gilji si, thaj vo but gilja zhanel. Avla les kaver than vi atunchi te na rodela katji, thaj vi te na avla kasavo lasho o than, pale opre zhanel te bararel peska sha.

O shefo majpalal avilas andre. Leske tramci pale vonjika sas. Soro ratji paji pilas. Pala e dujto pauza las pe te vorbil le Ernővosa. Vov kamlas tala shtar jakha te vorbil lesa, ba o Ernő chi gelas andre. Les naj so te garavel. O shefo lokes, hajkam dabe avile pe lesko muj le vorbi. *Muro drago Radics* – phenlas thaj pe peske papuchi dikhlas. Aba atunchi o Ernő zhanglas, hoj naj baro bajo. Kana kade akharel les thaj khelel pes leske anavesa, atunchi naj bajo. Te kade akhardo sas les hoj *tavarish Radics*, vaj feri *Radics*, atunchi shaj daralas. Ba kade, inke na phendas kade lesko anav. *Haj sar sam, sar sam? Sarij e cinjori?* – pushlas. *Mishto* – del palpale e vorba o Ernő. *Thaj atunchi numa mukh te barol, lake bala sa shukares hulaven. Kadale cine podarkasa phenav hoj te del la o Del but bukuria!* – Ando vast shutas leske ek loli cini pantlika. *Kade zhanav tumare manusha kamen kadala. Haj kade majdur! Feri le legmajlashe gilja khelen!* – Boldas pe, thaj gelastar.

187

O Jonas thaj o Ionuţ

Samuel Mago

Jonas. Bengali parashtuj.

Muro njevo *iphono* sa mishkilas pe. Kade ditjolas, sar varikon zorasa kamel te vorbil manca. Sakon numa lil tradelas mange po telefono. Zurales xoljariko somas, kodi aba xalas ma. La parashtujaki ratji kasavi sas, sar mindig. Ande duj diskotekura akharde ma thaj vi pe trin thana, kaj khere mulatin. O jek majdivatosho sas, sar o kaver, ba kasave manusheske sar me som naj interesantno. Kochakenca phandadom muro *Burberry* gad, ande shutom les ande muri farmelicko kalca, opre lom mure lole mokasinura. Lashardom mure bala. Muri dej njevo balengo lako kindas. Kasavo so phendas muro berberi lake, kaste phirav te kerel mure bal. O Roger. Pala kodi parfümo shordom pe muro vast thaj pe mande makhlom les. Aba jek bersh sa kado shuvav pe mande. Po *online* anadom les. Amende, ando Njamco nashtig xutjildam. Leski ahor na azbalas ma, feri kodo, hoj numa muri sung te avel.

Inke jokhar dikhlom ma ande glinda. Sar phandavos muro *Hilfinger* zubuno pe mande, inke jekfar ande glinda dikhlom. Po telefono dikhlom. *Jonas, po Alex azhukaras pe tute* – kado lil bishade mange. Aba deshoxto bershengo somas thaj aba hatjaros hoj ande savo mulatshago si lasho, ande savo na. Aba ande muro shero sas, hoj pala jekh-avreste kaj zho. O *Alex*, vaj *Alexanderplatz* naj dur amendar. Dopash chaso vurdonesa kathar o Berlin-Charlottenburg, kaj beshav. Po drom tordjilom, te kinav thuvalja. Lole *Gauloises* kindom. Duj paklivura. Jek mange, jek kodole khancheskenge, kon hajkam mure amala si. Zurales chorre sas, te kinen penge, majfeder sa mangkerenas. Iskirindom mure organizatoroske lil po telefono, hoj zhanav hoj kasavi vodka kindas, so me kamav. *Gray goose*. Te na vov xutjildon, atunchi me te kinav ande bolta, ke chi trubun ma kodola chorre thaj lezni retjiji te pav. Dem jag jek tuvalji thaj dural lom sama unji shaven po

Alexanderplatz, kon mure „*amala*" sas. O jek mashkar lende chi pelas, hoj trubulas man khere te ingrel mure vurdonesa. Von kamenas kade te huraven pe, sar me. Numa duj vaj trin lendar vi zhanenas. Lenge anava chi khelenas chisoski rola. Muro aba majfontosho sas. Andre beshle von ando vurdon haj gelam-tar. Kodi phirlas ande muri godji, hoj tehara che nasvalo avo. Bengali si kadi parashtuj.

Ionuţ. Parashtuj, muro andjelo.

Ek purano *Nokia* telefono mishkilas pe lokes pej mesalja. Butivar rumusajlas, ke muri cinji phenj, e Irina, butivar khelelas pe lesa. Pe mande cirdom muro kalo polovo, opre lom o telefono. *Chao Ionuţ* – shundjolas ando telefono – *Atunchi po Unirii placo maladjuvas?* Ova phendom, thaj tele shutom o telefono. Kasavi sas e parashtujaki ratji, sar mindig. But butji zhukarlas pe mande. Duj butjake thana sas ma. O jek majpharo sas, sar o kaver. Ba kasavo manush, sar me som, chi zhanhel avri te xutjilel. Trubunas amen le love. Terno somas thaj zuralo. Na kade, sar muri dej. Muro *McDonalcoso* gad andre shutom ande muri puranji farmelicko kalca, opre lom mure dorkovura, cerra bare sas, ke mure dadeske sas, kon aba naj. Mure bala chikenale sas, ke muri dej chi zhanglas andre te potjinel o tato paji. Shudre pajesa chi zhanav te thovav mure bal. Pala muro dezodoro unzoldom, ek cerra phurdom pe mande. Avri trubul te inkrel zhika shonesko agor. Kasavi sas muri sung, sar mure dadeski. Pe kadi baxtalo kerdjilom.

Maj anglal so gelom-tar, po chikat chumidom mura da. Aba sovlas po kanapevo. Inke deshoxto bershengo somas, ba aba zhanos, hoj savi butji si lashi, savi naj. O drom pe la butjako than ande muro shero aba kerdom. O *Unirii placo* feri unji kilometrura dur sas amendar. Kothe tordjolas po opruno placo, ando Kolozhvaresko foro le Matjashesko sobro. Perdal gelom jek-duj vesha pe l' forongo agor, jek-duj shtaciovura bususa thaj vonatosa gelom. Sas ande muri posotji ek dulmultuno thuvaljako dobozi. Ande kodo shutom kodola thuvalja, so khere pherdom. Iskirindom mure shefoske lil po telefono, hoj pe ratjate shaj kerav butji ande leski diskoteka. Te na dela ma butji, atunchi ando *McDonalds* kerav majbut butji. Ba ande diskoteka duvar katji potjinen. Te xutjilos e butji, avri zhanos te potjinav so inke chi potjindam avri khere. Tele huljilom pa buso, haj dural dikhlom ekhe shuke shaves po opruno placo. Muro kolega sas. Kade opre sas hurado, sar me. Dore leske papuchi ek cerra majnjeve sas, sar mure. Lesko anav nas fontosho. Muro inke chi katji chi reslas. Gelam karing o *McDonalds* haj kodi phirlas ande muro shero, hoj sosko lasho avla o kaver kurko ando tato paji te najuvav. Ek andjelo-j kadi parashtuj.

Jonas. Machs jut, Berlin.

Muri dej rovlas. Chi hatjarlas, sostar naj mange interesanto, hoj chi line ma opre p' ek njamcicko univerziteto, ke nas dosta lasho muro egzameno. Pe kodo, so muro dad alosardas mange. Muro dad kade kerlas, hoj chi les chi azbal – *Pe muro intrego trajo anda kodi kerdom butji, hoj tuke jekfar majmishto te avel. Tu kado chi ando khul chi dikhes. Ker, so kames. Tjiro trajo si!* Kade ande Austria trubulas te zhav. And' ek them, kaj naj *numerus clausus*, naj egzameno, sosa opre len tut. Ande Austria sas te zhav, sar ternenca pherdo sas o univerziteto, sar jekvar ka o Hitler po Ostmark. Dosta bari si kadi ironia, hoj le Hitleros anav kathe. Ke ek sinto, sar me, shaj si dosta barvalo, vaj sitjardo, eftavardeshe bershenca anglal ando lageri getosardosas pesko trajo. Thaj po agor vi me feri ek numero ashos po univerziteto. Xasaros muro anav, sar jekfar mure dulmutune phure. *Te muro papo perdal trajisardas o lageri ando Dachau, atunchi vi me perdal trajisaro o foro Bechi* – phendom mura dake, kon majna das ma ek palma. Asos. Lashe jilesa xutjildomas kodi palma.

Avri dom pa vudar, ando *Behaim* vujica thaj opre phabardom mange ekh tuvalji. Chi daros. Feri pe unji bersh mukhav o Berlino, la dejaki phuv. Muri dej haj muro dad sako shon tradenas mange love. O Bechi baro anav si les anda leski kaveva thaj anda lesko lasho trajo. Cerra rucisa vi mange mishto shaj avel. Mure amala kam rakhena eke kavere barvale amales, kon zhutija len. Vi atunchi, te na avla kasavo sumnakuno, sar me.

Ionuţ. La revedere, Cluj.

Muri dej rovlas. Chi hatjarlas, sostar si mange kasavo fontosho o sitjimo, sostar naj mange dosta la Rumunijako univerziteto. Shaj ke ek cerra v' anda losh rovlas. Lake majbare shaveske kethane avlas, hoj avri zhanglas te phagrel pes anda chorrimo. *Tjo dad akanak barikanes dikhel pe tute* – phenlas thaj avri cirdas ek thuvalji anda dobozo. Opre phabardas la thaj tele khoslas peske asva pa pesko khino, phuro muj – *Pe pesko intrego trajo anda kodi kerlas butji, hoj tumenge majmishto te avel*. Kade shaj gelom ande Austria. Ande kasavo them, kaj naj chorrimo thaj le manushen naj gindo, pala tato paji, vaj kaj naj avri potjindo o rezhivo. Khanjikas chi azbal, hoj andaj Rumunija som. Kothe inke vi le romenge shaj kerdjon lenge sune. Shaj avel chorro vaj bisitjardo, la lumake vudara sa phuterde si angla leste. Po agor vi me ek numero shaj avav po univerziteto. Ek Austriako numero. *Sostar mukhes ma kathe, muro shavo?* – pushlas mandar muri dej, haj kikidas muro muj. Asajlom. Lashe jilesa dikhlomas vi la te asal.

Avri dom angla amaro vudar thaj opre phabardom jek tuvalji. O thuv hamisjlas la meljaka sungasa. Daros. But bersha kathe trubul te mukhav o Kolozhvaros. Mura da ande sako shon love trubulas te tradav, te zhanel andre te potjinel o rezhivo. O Bechi baro anav sas, anda leski kaveva thaj anda lesko lasho trajo. Zhanav hoj rakhos butji sar pinceri. Chi daros pala Irina thaj pala mure majcine phrala. Vi bimuro trajina aba. V' atunchi, te nasul avla, hoj chi dikhav len.

Jonas. Bechi, tu meljako plaj.

O univerziteto avri kheladas ma. Mashkar le austriancura thaj mashkar le aver themeske manusha ek dilo njamco somas, kon kathe rakhlas pesko than, ke ando Njamco chi line les opre. Muro akcento bute manushen chi fajolas. Kade hatjaros, sar te ek njevi shib trubulas te sitjuvav, hajkam e shib jek si sar muri. Opre sitjilom hoj na kodi phenav, hoj thuvalji, feri e vorba „*tschick*" lashi-j. Chi kamlom amalen te rakhav. Vaj kamlom, ba chi zhanglom. Jek than sas, kaj pachasa somas, pasha muro kher kaj beshos, sas ek kavehazo. Kothe ek vlashiko pinceri kerlas butji. Mure love sigo zhanas-tar. Kade hatjaros, hoj feri thuvalja thaj kaveva kinav anda lende. Aba lazhos, hoj panzh chasi beshos pasha ek kaveva thaj ginavav. Vi kade, majmishto sas kathe te beshav, sar ande muro kher korkori, so mure phure potjinenas. Shukares, lokes zurales los te rodav muro foro o Berlin.

Ionuţ. Bechi, muri krajaskinja.

Ando univerzito but vrama trubulas te avav. Mashkar le njamcura, thaj austriancura ek dilo strejino avere-themesko somas, kon kathe shaj sitjol thaj inkravel pes le forostar. Kathar muro akcento but zhene xoljariko kerdjonas. Kadi shib kasavi zhungalji-j thaj capeno-j. Chi resel zhi kaj muri godji. Chi na hatjaros sostar trubun le trin artiklura *der, die, das* te sitjuvas angla sako vorba thaj le sheja taj shavora ande gramatika sostar naj chi zhuvlja, chi mursha. Savo asaimo las ma, kaj ando kavehazo, kaj butji keros, le manusha kade phenen jekh-avreske: *Prost!* Amende ande Rumunija kadi vorba katji kerel: *Dilo!* Sigo rakhlom amalen. Vaj feri pinzharde sas. Le djeseski bari rig ando kavehazo somas, ka ek njamcicko shavo beshlas ka ek mesalja but-but chasura, pasha ek kaveva. Sa paruvelas la thuvaljako charo, rajkanes mangelas thaj chi na najisarelas. Lashe love rodos. O njamco dosta xanzhuvalo sas. Sako ratji avri shordom pe konjhaki mesalja le love, so rodos, palpale shutom ek deshengi, so dosta trubul te avel pala teharako djes. Ando kavehazo xos. Muri dej thaj mure phrala loshanas le lovenge so khere tradom. Lokes aba zurales pharimo las ma bi mura familijako.

Jonas. Phare love.

O sitjimo sas bari katastrofa. Mure sitjara sa godjavera manusha sas. Univar zhos ando unverziteto feri te sovav. Anglunes chi sitjilam khanchi, o egzameno zurales pharo sas. Chi nakhlom anda butende. Atunchi somas vorta ando baro khul, kana muri dej pushlas hoj so kerdom. *Kade te zhala majdur* – phenlas – *zhas butji te keres. Te na beshes tele pe tji bul te sitjos, atunchi zhas shukares, thaj butji keresa. Aba trubul te keres variso.*

Ando kaver shon feri le lovengi dopashin tradine mange kheṛal. Pala trine kurken ma nas ma love. Chi azbalas ma, ba atunchi pinzhardilom la Lizasa. Lashi zhuvli sas. Pe sakofalo lashi sas. Vi shaj vorbisas lasa. Kas trubul te akhares. Andre phirlas ande kavehazo, thaj jekvar sas ma troma te dav lasa duma. O pinceri bange jakhenca dikhelas pe mande. Gindiv, daramno sas. E shej butivar avlas mande. Voj sas e anglunji zhuvlji, kas kamos. Kade hatjaros hoj variso sharavel angla ma. De chi pushlom la.

Ionuț. Ekh gameboy.

O sitjimo sas muro trajo. Kade ashunos, sar vorbin mure profesora, sar te avnas profetura. Sa anglal beshos. But zhene aba pinzharnas muri faca. Inke vi pe kaver thana zhos, te shunav le anglimatura. Anglunes phare sas le egzamenura, ke chi hatjaros mishto so pushen. La vramasa sitjilom e shib. But sitjilom. Chi kamlom o maj angluno te avav, de but sitjilom. Muri dej chi pushlas khanchi pa o univerziteto. Feri anda le love najisisardas. *Nasul si, hoj na san khere muro shavo* – phenlas – *te khere avesa ka o krechuno, ek kurko sa kodi kiravav, so kames. Sar trajis le njamconca?*

Ando kaver shon katji rodom, hoj anglunes ando Bechi zhanglom te kinav mange gada. La Irinake tradom ekh *gameboy*, so po interneto kindom. Trine kurkenge love shutom kethane, te shaj kinav les. Pala kodi pinzhardilom la Lizasa. Zurales shukar shej sas thaj vi godjaver. Andre phirlas ande kavehazo. Mure amala phenenas, hoj feri atunchi avel, kana me kerav butji. Kade dikhlas pe mande, hoj jekfar lom ma, thaj dom lasa duma. O njamcicko shavo unjivar pasha late beshlas, hajkam kamlas latar variso. Chi phendom khanchi, ke dikhos, hoj che dilivanes kerel. Butivar avelas e shej mande. Voj sas e anglunji zhuvlji, kon kamelas ma. Ba sa kade hatjaros hoj sharavel angla ma variso. Jekvar, kasavo dilo somas, hoj pushlom latar.

Jonas. Bi la Lizako.

Aratji, kana tele gelom ando kavehazo, avilas vo pe vuljica. Chi zhanglom te marav ma, de akanak kamos te dav palpale vi me. Pala o marimo selduj zhene avri khinjilam. *Mukh la pe pacha, mura kamadja, tu khanchesko!* – phaglas e vorba nasul pe njamcicko shib, thaj pe phuv chungardas. *Khanchi grizha te na xal tu, me so kerav –* phendom thaj phares opre ushtjilom. Zurales dukhalas muro dumo.

Xas muro kar, zhungalo njamco – phenlas romanes haj chingarlas pala mande. Chi kamlas te xatjarav so phenel, anda kodo pe romani shib phenlas avri e vorba. Ba me sako vorba hatjardom. Inke kodi ratji opre akhardom la Liza, chingardom lasa po telefono, thaj shudom la avri.

Ionuţ. Ekh phral.

O njamcicko shavo kaver djes pale ande avilas ando kavehazo. Manglas madar te jertisarav leske, maj anglal so me ek vorba shaj domas. Chi na vorbisardomas. Ek strejino ando Bechi te cirdel pes, sar zhanel. Pushlas, hoj shaj vorbisaras. Aba majna phandade o kavehazo, feri ek phuri thuli zhuvlji beshlas andre. Tele beshlam. *Chi phendas mange anda tute. Patja mange! Te zhanglomas, chi domas lasa duma. Aratji kothe mukhlom la* – phendas. Chi phendom leske, hoj man e Lisa mukhlas. Zurales sunuj. *Me som o Jonas* – sikadas pes andre. *Me o Ionuţ. Kodo Jonas si pe vlashicko shib* – Asajlom. Sunusaros, hoj aratji kade mardom les. Dicholas, hoj inke shoha chi mardas pe, sar me ande muro intrego trajo. Thaj khanchi nasul chi kerdas. E Liza anda selduj zhene dile kerdas. *Shaj pushav tutar variso?* – phenlas, haj majpashe bandjilas. Sheresa sikadom, hoj ova. *Tu hal rom?* – pushlas pe romani shib. Lesko dialekto nas mange pinzhardo, de hatjardom so pushel. *Hoj me cigo som?* – pushlem palpale. *Kadi naj shukar kadi vorba* – phendas – *Na phen kadi majbut!*

E phuri zhuvlji pala fertalj chaso gelas-tar thaj ame kothe ashilam zhika dopash shtar chasura. Retjija pasas thaj vorbisarasas. Paj familija, paj dejaki phuv, pa univerziteto. Pa kodi, so le Rom sitjile te vorbin. Pa kodo, so ando strejino them vorbil pe.

O gindako
Mágó Károly

O Gazmanek asandas baxtales, ke o motori katar lesko gindakosko *Volkswagen*, shtartuilas anda jek, bi pharimasko, kade sar vi sako djes ande l' palune 51 bersha.

1300 kubikcentimetro, 30 grastengi zor, thaj vonjiko – phenlas, kade feri ande peste, tela e mustaca, o ucho manush.

Le vorbi avri phendas, feri khonjik chi shunlas len, ke korkorri sas ande garazha kaj parkolijas ande Peshta pesko gindako vurdon aj kodo de katar o bersh 1968. E vrama, kana kindas les, kasavi sas, sar ande paramicha.

Ande kodi vrama ek kasavo vurdon kata jek barvalo them, kata o njugoto, nashtig reselas o manush, vaj feri atunchi, te ek avrutno themesko njamo ande potjindas leski ahor kaj e aver themutni bikinarimaski firma *Konsumex*. Khere feri pala kodi shaj lenas perdal ka o vurdonengo kereshkedevo *Merkur*.

Ba amare ras, amare Gazmanekos nas avrutno themesko njamo, kade rodas peske eke dulmutane amales, kon ando 1956-to bersh mukhlas o them. Leske potjindas le vurdoneski ahor, haj manglas lestar te phenel kodi, hoj njamura-j.

Le vurdoneski farba kasavi sas, sar le anrengi kozha, 117.993 km sikavlas o taxometeri thaj kasavo inke rajikano sas, sar njevo t' avilon. Makar majbutivar andre phirdas lesa o ungricko them, sas ande Chexoslovakia, ande Poljska thaj jekvar v' ando foro Drezdeno ando njamcicko them.

Njamcicko precizia – gindisardas, de akanak aba chi phendas avri le vorbi. Vov dikhlas pe pesko chaso, so 11:24 sikavlas. Avilas e vrama, so feri inke shov minutura ashile les, te ashol korkorri peske majlashesa amalesa, kon pasha leste sas.

Pesko plano angla kodo 18 bershenca kerdas, vorta kana leski unoka, e Laura rakhadjilas. Chaches, atunchi inke chi xalas les e grizha, hoj so dela le kavere unukonge, kon pala kadi rakhadjona, ba pe kado gindo leski shej, e Eva zhutisardas, ke chi na rakhadjile lake la majbut shavora. Kade gindisardas, hoj o vurdon la Laurako avla. De o plano – kana reslas ka pesko agor – sa majpharo kerdjilas. O taxometeri le vurdonesko, nashtig sikavelas feri 118.000 km, ke ande palune shon tradasas le vurdonesa 5 km-ura sako djes. Haj vov opre shutas, te prezentalij la Laurake o vurdon ajandikoske pe lako 18. rakhadimasko djes, taj kade kamlas hoj atunchi le vurdonesko taxometeri te sikavel vorta 118.000 km.

De vov feri kathar pesko kher panzh-panzh vuljicenca zhalas ande selduj riga, kana nas inke tunjariko, ke atunchi majcerra zhene phirnas pe vuljici. Chi kamlas le vurdonesa te kerel bajo. Te maj but vrama anglal tradinon, but vurdona kam avenas pe l' droma, taj but majpalal te tradinon, atunchi avilon le droma but tunjariko. Vi ande peste thaj vi angla kaver manusha zhanelas, hoj aba na kade tradel o vurdon, sar maj anglal.

Serolas ek dulmutano milaj ando Balatonalmadi, kaj ek rjat ando vurdon ratjardas peska 21-ke bershengirja, cerra thulja gazhasa, la Irenasa, ke nas len aver than kaj shaj soven. Shaj phenas, hoj kado drom sas sar lengo biavesko baro djes, ke pala majbut chi na resenas lenge love. Kodola jek-duj djesa sas ande lengo trajo le majshukar. E intrego vrama perdal asajle.

Leska gazhake pasura agorisarde leske gindura. Ande la gazhake jakha izdraimo sikadjolas. *Le-ta!* – phendas voj. Vo las anda lako stungo vast e koshnica, anda lako chacho vast e parni najlonoski kisi, shutas le butja ando phuterdo vurdon taj lashardas sa mishto. *Te na del o Del, te avel po agor ek paguba pe vurdoneski karoserija* – gindisardas. Vov boldas pe, pala o vurdon, gelas krujal karing pesko than, te zhutil peska gazhake te del ando vurdon. Atunchi kerdas inke jekhvar kontrola o vurdon, e karoserija, le vurdoneske duj vudara taj sa le aver vurdoneske kotora. Baxtalo sas, ke le gazhe kerde lashi butji, o gindako bidoshales fimlalas vi andral taj vi avrjal. *Phandav tu andre, gajzhije!* – phenlas thule hangosa thaj asajlas. *Geza!* – phenel e gazhi – *Nachilas dopash deshuduj chasura. Zhanes hoj e*

Eva soski-j. Ka l' deshuduj chasura pe mesalja o xaben aba mek si. Taj inke aba chi maj trades kade, sar dulmut.

E Eva nas pontosho, chi ekh chepo na. Chi maladas voj pe peski dej sar ande l' but butja, chi anda kadi. O Geza kade kerlas sar mindig, sar te avilon la gajzha chachimo, thaj tradas-tar. Chache-j, na sidjarlas, chi ek semo. Inke jekhvar kamlas te slavil pesko majpaluno drom kole gindakosa, kamlas te hatjarel sako sekunda kadi bari baxt. Loshasa shutas pesko punro ka le vurdonesko pedalo, so o sidjarimo kerel. Angla kodi, sar ande vuljica boldas pe, majpalpale shutas pesko dumo thaj zor das le radios. Le pedalura feri peske punreske najeske agorenca reslas, le feljestri tele mukhlas, kade, hoj e balval opre phurdelas leske parne bala, kana o vurdon 50-enca nashlas. Sigo, majsigo zhalas, sar sitjilas, ke avri kamlas te cirdavel le vurdones. Anda kadi duj dosha kerdas: E gazhi pasha leste aba bi tordjimasko motholas, hoj te zhal majlokes, thaj efta minutonca majsigo resle opre o kher penga shako, sar kamle.

Kadi azbal les majmishto. Zhanglas aba, hoj leski gazhi zhungale jakha shudela pe pengi shej, ke inke chi tordjol le xabenesa khanjikaj. Kodolasa kerlas pacha korkorri pesa, hoj te na gelinon majsigo le vurdonesa, chi atunchi ch' avilon kaver. Thaj o drom – o paluno drom – le vurdonesa serojmaske kamlas te shuvel.

Kana tordjardas o vurdon, trivar kikidas e duda. Kana vi po trito kamlas te bashavel e duda, e gazhi – kaske andel puranji vrama inke fajinake shaj phenenas, adjes aba thulake – e Iren kathar la dudatar majbare hangosa cipindas – *Ash aba, e intrego vuljica dikhel amen.* Kado nas chachimo, ba o raj Gazmenek reslas, so kamlas. Tele tordjardas, tele las pa peste e haravlji, avri huljilas anda o vurdon, leski cini unoka aba vi nashlas angla leste thaj bara zorasa xutjilas leski kor. Le galbeno balengi, shuki, parne moski raklori bara zorasa kikidas peske papos, la mamija chi na las sama. O raj Gazmanek kade hatjarlas hoj e raklori but vrama inkerdon les ande angalji, de feri unji minuta shaj sas. La vuljicengo glaso, so avral avilas, avri phandadas, thaj chi na shundas but kata e vatjimaski vorba so leski gazhi phendas – *me aba kate feri zhukel som.* E raklori hajkam shundas so phenel e zhuvlji, ke po chikat chumidas le papos thaj pe

199

le vurdoneski kaver rig nashlas kaj e mami. E Irén sar zhalas numa andre ando kher, sas la sa le fontosha informaciji, save kamlas te zhanel. Kadal trin pushimata shutas opre pala jekhavreste: *Sostar chi shindas tjo dad tele le chara – sar sitjilas – pe vrama!? Sostar Laura makhes tu tjire vusht kasave zhungale taj tunjarikone lolimasa, gindin tu feri hoj maladjol tuke? Sostar tji dej inke naj gata kiravimasa?* So e Laura palpale das e vorba, e mami inke maj but xoljajlas thaj xoljasa das ando kher.

O raj Gazmanek inke jekvar dikhlas hoj phandadas o vurdon, pala kodi, kana aba avri las anda leste e koshnjica. Pala kodi, sar kon opre resel, andre phandadas le vurdonesko vudar pasha peste, thaj pe kaver rig. Atunchi lokes nakhlas e bar thaj das ando kher. Lokes, ba na anda kodi hoj trubul te mukhel pesko drago vurdon, de anda kodi hoj te krujil avri, te na xal pe la gazhasa, taj latar te muntusarel peska sha, le zhamutres taj peska unoka. Lesko plano kethane avilas, ba nas les khanchi grizha karing leste. La korra baxtjake shaj najisil, ke o somsedo kon pala lende beshelas, das avri anda o kher, thaj ek lasho fertalj chaso vorbisarde pala kasave khancheske trabi, hoj vi ande kado bersh organizalin le *buzerantongi* parada. *Me kade phenav, te kamena te keren kasave zhungale butja jekh-avrenca, te keren kado pasha penge shtar falura* – phendas o bibalengo manush, kon aba karing peske panzh-vardeshe bershengo agor phirlas, thaj peske zhukles shimogatijas. O raj Gazmanek das les chachimo, das les eg lasho djes thaj gelastar ando kher.

Kana ande reslas ando kher, khonjik aba chi vorbisardas chi jek vorba, haj chi shundjilas chi sosko hango nas. Te boldel e traba, tele beshlas vov kaj o e-piano so katar o chorro njamco sas taj tela e feljastra tordjolas. Vov las te khelel pe leste. Vov kindasas kado instrumento peska shake ando Drezdeno angla kodo tranda bershena.

Akanak kheldas kodi gili, so vi milaje ando bersh 1968 ando foro Balatonalmádi ando *Barátságosko* restorano kheldasas. Feri so las te unzol karing le pianoski tastatura sikadjilas angla leste o Lajos, o romano primashi. Katar o maj angluno minuto sar las les sama las les ekh chorrivano taj bilasho hatjarimo, taj tele dikhelas les, haj chi zhanglas zhi adjes sostar. Shoha. Sa leske kolegura akharenas les Lajchika – feri vo shoha chi akharlas les kade. Vov chi kamlas lesa ande amalimo te perel.

Chi o Lajos, kon ekh vonjiko, shukare mosko manush sas thaj karing le shtar-var-desh bersha shaj phirlas, chi kamelas les. Numa so te kerel. Le komunistongi partija kodi avri das, hoj kon ande Balatonalmádi kamel te kerel butji, kodo pe duj instrumentura trubul te zhanel te bashavel. O Lajos feri pe lavuta zhanglas te bashavel, khanchi aver aba chi zhanlas. Andre iskirisardas, hoj zhanel vi e doba te dobazij. Kadi kade nas chachimo, ke chi la dobake rovlja shoha chi xutjilelas ando vast, ba graca sas les latar. Hajkam kathar o klarineto inke maj bari graca hatjarlas. *E doba khancheske naj* – phenlas. Manglas vov ek doba unzhule, ba chi zhanglas kethane te shol la. Majpalal o Gazmanek shutas leske kethane sosa shaj dobazij, kasave asaimasa ando muj, kon tele dikhel le kavres.

Le anglune gilja nas kecave lashe, nas chi nasul. Anda o ritmushi chi mukhlas avri te perel o Gazmanek, kon feri unjivar sas dobashi. Ba chi zhutijas jekh-avreski butji. Le Gazmanekoske, kon elektromoshosko inzhineri sas, aba trito milaj sas kado pala e diploma, hoj peski intrego slobodno vrama avri las, te shaj rodel cerra love la muzhikasa. Kado sas vi o paluno bersh. Pala e shovto gili aba chi maj zhalas mishto e butji, zurales chaladas e tastatura. Xoljariko sas, hoj kade, pe kado modo chi rodela katji, hoj chi ek purano *Škoda* vurdon zhanel te kinel, ba chi ek chorri bicikla.

O Lajoska – pala skurto vrama – tele parudas e doba pe lavuta, ive Devleske, chi kamlas te mukhel le Gazmanekos. Tela shtare chasonde, majbut love rodine, sar o Gazmanek tela ek kurko ande fabrika *Ganz-Mavág*, sar le shefosko sherutno asistento. Le dobi tela le trin shona o Lajchika chi las majbut anglal, feri jekfar. Ek chudato njamcicko grupa kamelas tango te khelen.

Te ashilas vrama, ande kadi o Lajchika mesalja-mesaljat phirlas thaj sakoneske cirdas lengi gilji so mangnas. Majpalal o Gazmanek shundas, hoj ande Peshta le Lajchikas leske amala sar giljake krajeske asharen.

Le duj mursha intrego milaj kethane sas. O Lajchika sikadas le Gazmanekoske kana sar te kerel, kana so te xutjilel tele, kana te khelel lokes, kana majcine glasosa, soski harmonia te xutjilel, kana te ingrel sa parlando. O elektromoshesko inzhineri inke chi peske, chi pinzhardas ande, hoj o romano shavo majfeder zhanelas te khelel sar vov. Ande luma majbut kecavo na rakhadjol. Azbalas les, hoj majbut shaj zhanel ek romano shavo lestar, kon-i inzhineri.

E gilji nachilas. O raj Gazmanek pale psixichko thaj vi fizichko arakhadjilas khere ando bish-to becirko, ande peske khereski beshimaski soba.

Akanak azhukarlas so pecisajvela pherde peresa. Leski losh cerra rumusali, ke ek streino manush avilas andre atunchi, kana inke chi na phurdine tele le memelja so phabonas. De chi phendas khanchi, hoj kade kamlinon perdal te del peska unokake e podarka, hoj feri e familija te avel kathe. Leski gazhi maj butivar maladas leske punre tala e mesalja, o Gazmanek opre xuklas anda fotelo majsigo sar le terne. Andre phandadas e kochak pe pesko zubuno, pilas avri e mol, so inke ashilisas andi taxtaj, thaj maladas la cina rojasa trival pe taxtaj. *Muri drago familija, muri cinji unoka!* – kezdindas pesko monologo, so de bute kurkendar avri gindindas. *O trajo ek baro drom-i. Thaj o drom butivar majlasho-j te shuvel o manush ande lasho barvalimo. Kon si kodo manush, kon kamel leznona taligasa te phirel, kana shaj zhal po drom vi maj krajickone vurdonesa. Kado cino gindako, kado cino vurdon, ande so bute grastengi zor garavel pe, sakofalo butivar majshukar shaj kerel. Muro trajo sas zhi akak baxtalo thaj sa pherdo shukarimasa. Kasavo ashola vi pala kado djes. Muri gazhi inke v' akanak zurales shukar si –* thaj sar kadal vorbi phenlas, chumidelas la Iréna, kon pasha leste beshlisas. Voj kerlas pe, sar hoj chi fal lake, so phenelas lako gazho, de chachimasa zurales mishto perlas lake. *Muri shej zurali manushnji-j, kon aba zhanel pesko kuchimo, mure zhamutres pale kade kamav les, sar muro shavo t' avlas. Kathar kodo, so legmajmishto kamav –* pala muri romnji *– akanak mukhav les, thaj tuke dav les muri Laura. Zhanen, aba chi sim majbut terno taj katka ande Peshta* *o tradimo foroske busosa bilovengo-j kodoleske kon-i opral pe l' 70 bersh aba* – asajlas.

Zhanglom aba! – cipindas opre e shej thaj chumidkerlas peska mamija pe l' shama taj kikidelas la peske stungone vastesa thaj peske papos peske chache vastesa. *Zhanglom!* – phendas inke jekfar majzurales taj pe la vorbako agor karing o streino manush boldas pe.

No, raja Bognar! Aba akanak na feri pe l' fotovura shaj dikhlan o vurdon, hanem vi chaches. Sar phendom, andal 1.350.000 rupune chi mukhav. Te kadala chi potjinesa avri kathe thaj akanak, atunchi kavreske do le gindakos – E shej anda jekhfar phendas sakofalo. O bipinzhardo manush ande peski posotji unzolas thaj zhika paluno krecari tele ginadas le love. Pala unji minuti, sar o mursh le kijanca gelastar, o raj Gazmanek shundas, le gindakoska mashinako bashimos. E Laura ande kadi vrama pe peske paposki angali beshlas. Vorta kade, sar kana cinori sas.

Papo, phen hoj chi xoljajves – pushlas peske papos, kon kade beshelas ande pesko fotelo, sar shereste te maladon les varikon ekhe phare chokanosa. *Zhanes anda katji love thaj sode inke me rodom amilaj, ek njevo Volkswageno shaj kinav kodolenca. Vorta kade, sar tu pe kodo milaj. Zhanes?* – pushlas kathar o papu, kaske nas maj but rat ande lesko shero.

Hoj o raj Gazmanek sar beshlas ando taksivo, sosa khere gelas, kana shutas tele pestar peske vuneci gada thaj sar las pe peste peske rajasle ratjake gada, kodo chi serojas. Feri pashljolas ando pato phuterde jakhenca taj opre dikhelas po plafono. Desar leski gazhi pasha leste sovelas taj horgolijas, phirlas feri jek butji ande leski godji, so chi zhanglas avri te marel kothar.

Che baxt shinadas leske o Del le vurdonesa – so le Adolf Hitlerosko njamcicko nacionalno vurdon sas – kadej ke vorta ek rom zhutindas les ande kadi traba.

Najisarimata

Najisaras a Christake, a Magdake, e Mozesoske thaj e Kajóvoske, kon zhutisarde amenge, te keras amari kenjva, amari baxt.

O chasari
Le Lacikaske, a lalake Gyöngy thaj le bacheske Laci, amare chasareske.
La redakciake kathar o zhurnalo NU.

Das amen godji mure para paposke, e Samueleske Jellinek
thaj mura phura para mamake a Annake Stern,
kon sas mudarde ando Auschwitz.

O drabarimo
Mura romnjake, a Erikake, thaj sa le zurale dajange.
A Kerijake thaj a Jejijake,
kon bararde peske shavoren korkores.

O slobodimasko lil
Das amen godji amare phure paposke, e Sanoske.
E nanoske Gyuri, a lalake Gizi, e nanoske Pityu, a Rózsikake thaj e
Kálmivoske, thaj sa le shavorenge anda e familia Berki.
Mura lalake, e Nagykatikake.

Sa le Romenge, kon perdal trajinde o baro dujto lumako marimo,
thaj sakoneske, kon kerel butji pala kodi traba,
hoj shoha chi te na pecisajvel kacavi tragedia.

A inicijativake Dikh He Na Bister thaj le bute aktivistonge,
le terne romenge thaj gazhenge, sar o Vicente, o Jonathan thaj o
Martin, kon vi pala 70 bersha keren butji te na avel bisterdo.

E kija

A familiake Báthory-Beck.
Mure nanoske, e Jokaske, kon mindig tradas angle muri kariera.

Pahosko brishind

Das ame godji le nanoske Béla, la lalake Ili thaj amare paposke.
Sa le shavorenge katar e familia Mágó.
A Christianake thaj le familiake Juhasz.
Najisarav le Prof. Radicseske.

E Zuraji

Sa le zurale zhuvljange.

Das amen godji karing ekh dopash milijonura Roma thaj Romnja,
pala shov milijonura jevrejura,
thaj maj but sar deshmija homoseksualni zhene,
kon sas mudarde ande KZ-ura kathar le Hitleroske manusha.

Sa le Romenge thaj Romnjange, kon vi pala o dujto lumako marimo
sas te trajin sar manush katar e dujto kategoria.

O bal

A Alicake, a Emilyjake, a Hannake, a Katharinake, a Laurake,
a Lisake, e Marcuseske thaj a Sophiake,
kon shoha chi mukhen ma tele te perav.

E Zolivoske, a Szandikake, e Zolikake thaj a Mónikake,
kon mindig pej phuv ashaven ma.
E Peter Pauleske Wipplinger, kon kamlas muri paramicha.

Ek minuta

Das amen godji sa le ternenge thaj shavorenge, kon kothe mukhle,
kas o trajo ando chorrimo pizdas.

Khel manca

A Katharinake, a Laurake thaj a Lisake,
kon shoha chi kamen te khelen.

A Krisztinake, e Pistivoske thaj e Aguske,
kon mindig kamen te khelen.

E Café Kafkaske ando Becho.

A Vági Barbarake thaj e Talán Chabaske,
kon sitjarde mange, sar te khelav ma e kiponca.

E palma

Sa le zurale dadenge.

O Jonas thaj o Ionuţ

A Manuelake thaj e Manueloske, a Ioanake thaj a Irinake,
a Kriszinake, thaj sa le Romenge thaj Romnjange,
save phiren po univerziteto thaj idolura aven.

Das amen godji e Daróczi Dávidoske, kon mindig amaro idolo ashol.

E Ferdinandoske, e Kikivoske thaj e Stefanoske, a Marianake thaj
a Suhalake, thaj sa le sitjaritorenge thaj shavenge anda shkolako
azhutimosko projekto kathar o Romano Centro.

E Bennyvoske, a Daliake, e Davidoske, a Dotschyjake,
a Gildake thaj sakoneske ando Berlino.
E Thomasoske thaj sa le Sintonge.

O gindako

Mure amalenge, le Papinot Ferencoske, le Hermann Gaboreske,
Le Gottmann Pétereske thaj le Sándor Zsolteoske,
le majlashe kolegonge.

Biografia

O Samuel Mago

Biandilas 1996 ande Peshta thaj trail de katar o bersh·2000 ando foro Bechi. O terno rom, autoro, artisto thaj romano aktivisto avel pa le dadeski rig katar jek romani familia, pa daki rig avel lo katar jeg biboldengi familia. Pe kadi vrama studiril vov ka bechesko univerziteto *transkulturalno komunikacia*. O Samuel si sherutno redaktori katar o zhurnalo *Romano Centro*, vov kerel butji sar treneri pe sama katar anticiganizmo. Butji kerel vi ando radiovo *ORF*. 2014 njerisardas vov la vorbaki kompeticia *Sag's Multi*, peske divanosa pa l' Rom, pa anticiganizmo taj paj tolerancia. 2014 xutjildas vov o *Exil-Jugend-Literaturpreis*. 2016 las e romani literaturaki nagrada katar la Austriako PEN-Club.

O Mágó Károly

Biandilas 1981 ande Peshta. Ande Peshta studirindas vov vi komunikacia. Vov kerdas butji ka o romano radio, *Rádio C*, haj ka o *Roma Magazin* kaj e ungricka televizia *MTV* kerdas e moderacia. Ka ungricko djesesko zhurnalo *Népszava* kerdas butji. Desh bersh kerdas butji kaj ungricko privatno *TV2* emisija *Tények*. Ando bersh 2011 kerdjilas lo le bershesko raporteri. Ande Peshta sitjardas ka *Center for independent journalism*, taj kerdas projektura romane ternimatanca. Adjes kerel vov butji ka o maj ginado *online* zhurnalo *origo.hu*. Peska romnjasa thaj peska shejasa trail ande Peshta.